Flávio Gikovate

Os sentidos da vida

Flávio Gikovate

Médico psiquiatra formado pela USP em 1966. Pioneiro dos estudos sobre sexualidade e amor em nosso país. Trabalha como psicoterapeuta e é autor de diversos livros de sucesso sobre as principais questões relativas à felicidade humana. Site: www.flaviogikovate.com.br

Os sentidos da vida

Colaboração de Márcio Vassallo

3ª edição reformulada

São Paulo, 2009

DE ACORDO COM AS NOVAS NORMAS ORTOGRÁFICAS

Moderna

Moderna

COORDENAÇÃO EDITORIAL: Lisabeth Bansi
EDIÇÃO DE TEXTO: Ademir Garcia Telles
COORDENAÇÃO DE PRODUÇÃO GRÁFICA: Ricardo Postacchini, Dalva Fumiko N. Muramatsu
COORDENAÇÃO DE REVISÃO: Elaine Cristina del Nero
REVISÃO: Com_Texto
EDIÇÃO DE ARTE/PROJETO GRÁFICO/CAPA: Ricardo Postacchini
DIAGRAMAÇÃO: Camila Fiorenza Crispino
COORDENAÇÃO DE TRATAMENTO DE IMAGENS: Américo Jesus
PRÉ-IMPRESSÃO: Helio P. de Souza Filho, Marcio H. Kamoto
COORDENAÇÃO DE PRODUÇÃO INDUSTRIAL: Wilson Aparecido Troque
IMPRESSÃO E ACABAMENTO: EGB - Editora Gráfica Bernardi - Ltad.

Dados internacionais de Catalogação na Publicação (CIP)
(Câmara Brasileira do Livro, SP, Brasil)

Gikovate, Flávio
Os sentidos da vida / Flávio Gikovate ;
colaboração de Márcio Vassalo. — 3. ed. rev —
São Paulo : Moderna, 2009.

1. Auto-realização 2. Conduta de vida
3. Realização pessoal. I. Vassalo, Márcio.
II. Título

09-01354 CDD-158.1

Índices para catálogo sistemático:
1. Auto-realização : Psicologia aplicada 158.1
2. Realização pessoal : Psicologia aplicada 158.1
3. Vida : Realização pessoal : Psicologia aplicada 158.1

ISBN 978-85-16-06297-2

EDITORA MODERNA LTDA.
Rua Padre Adelino, 758 – Belenzinho
São Paulo – SP – Brasil – CEP 03303-904
Vendas e Atendimento: Tel. (011) 2790-1500
Fax (011) 2790-1501
www.moderna.com.br
2009
impresso no Brasil

SUMÁRIO

Introdução

O meu pai era um homem muito inteligente e um bocado culto. Idealista, foi um dos muitos intelectuais que se encantaram com os projetos sociais do comunismo. Era um homem bom, dotado de senso de justiça e atormentado por sentimentos de culpa por ter prosperado mais do que a média dos que, como ele, vieram para o Brasil no início do século XX. Ele morreu em 1979 e passou os últimos anos em permanente depressão, em parte porque descobriu que muitos dos seus ideais, tanto no campo pessoal como no campo social, eram inviáveis. Foi com o meu pai que aprendi a ter sonhos e ilusões acerca da vida. Também foi com ele que percebi o quanto os mesmos sonhos – ao se afastarem demais da realidade – podem nos fazer infelizes.

Meu pai, que foi um sonhador, já mais velho, repetia muitas vezes a seguinte pergunta: "Por que todas as utopias desembocaram em práticas totalitárias e cruéis? Por que as belas ideias acabaram por gerar resultados concretos tão distantes delas?".

Entre os vários exemplos que citava em favor desse ponto de vista, o que mais repetia era o do comunismo (meu pai foi um dos primeiros a denunciar em nosso país o lado violento desse sistema). Não renunciou jamais aos seus ideais, de modo que, diferentemente de muitos outros, continuou participando de outros movimentos de esquerda. Não abandonou suas convicções, mas tentou atualizá-las para aproximá-las da realidade. Nunca conseguiu ver com toda a clareza a resposta para a sua pergunta. Nunca teve coragem de constatar que não basta que as ideias e os ideais sejam belos e nobres. É necessário que estejam em sintonia com a realidade, com o ser humano tal qual ele é.

Fui educado dentro desse espírito de justiça, como se o mundo fosse governado pelas posições e pontos de vista de meu pai. Levei muitos sustos ao perceber melhor a dimensão das desigualdades sociais, ao compreender que o sucesso poderia ser acompanhado mais de inveja do que de reconhecimento pelo valor do vencedor, ao entender que as relações entre homem e mulher poderiam ser belicosas, que os amigos poderiam nos trair etc. Um dia cobrei essas coisas todas de meu pai. Ele tinha 65 anos, e eu mais de 30. Perguntei a ele: "Se você sabia de todas essas coisas, por que não me contou? Se sabia que a vida é difícil e cheia de problemas, por que me educou afastado dessas verdades?". Ele jamais me respondeu, ficou desconcertado e desviou-se do assunto.

Minha experiência como psicoterapeuta, no trato com todos os tipos de pessoas de diferentes faixas etárias, me ensinou que isso é muito comum. Boa parte das pessoas é educada e protegida contra a dura realidade da vida social, contra as mazelas das relações entre as pessoas e contra as grandes dores da nossa condição. Muitas das que vão se tornando adultas levam um enorme choque ao deparar com a realidade. Muitas são as que se desesperam e se desinteressam das formas de vida mais exigentes. Muitas são as que, ao perder os sonhos e as ilusões, perdem também os princípios éticos – como se sonhos, ilusões e princípios éticos estivessem interligados. Algumas se tornam apáticas. Outras partem para as drogas. Outras ainda se entretêm com outros vícios, como o jogo ou a obsessiva dedicação ao trabalho.

Resolvi escrever este livro pensando tanto nos pais e nos professores como nos jovens que estão se familiarizando com as coisas da vida. Em relação aos adultos, talvez a mensagem mais relevante que gostaria de passar seja a de que deveríamos parar com a tendência de dourar a pílula, de transmitir a imagem de um mundo ideal e que pouco tem que ver com a realidade. Ilusões são ideias falsas e só poderão trazer decepções.

Penso que as crianças deveriam ser familiarizadas, desde o primeiro dia de vida, com a realidade que terão de viver. Dessa forma estarão mais preparadas e não sofrerão o choque que a maioria dos nossos jovens sofre na adolescência e cujas consequências são tão danosas para vários deles.

Quanto aos jovens, o objetivo é transmitir-lhes, ainda cedo, o que a vida me ensinou com dificuldade e tive de aprender sem apoio. Gostaria que os jovens não tivessem de passar pelas decepções que tantos de nós passamos antes de aprender a ver a vida como ela é. Gostaria que aprendessem a enxergar a vida diretamente, pela ótica dos fatos e não das ideias. Não se trata de implicância com as ideias nem de subestimar sua importância na geração de tudo o que é novo. Trata-se – isso sim – de evitar que as pessoas coloquem as ideias acima dos fatos. Temo mesmo é que as pessoas se tornem tão fascinadas pelas ideias que estas venham a ser tratadas como verdades apenas por serem boas e belas.

Não sou e nunca fui pessimista. Não acredito, no entanto, que seja necessário acreditar em Papai Noel para ser uma pessoa de bem, nem para ser feliz. O meu realismo só será visto como pessimismo por aqueles que insistirem em sobrepor as ideias aos fatos. Meu projeto, ao escrever este livro, é ajudar as pessoas a pensar, de forma mais rica e produtiva, sobre a vida e sobre as dores por que temos de passar. Não tenho simpatia por sofrimentos inúteis, porém não temo aqueles que vêm para me ajudar a viver melhor. Talvez você leve alguns sustos durante a leitura do livro, mas acredito firmemente que gostará do resultado.

O inesperado choque da puberdade

O sexo tem uma força enorme

Dos onze aos treze anos, em geral, tudo o que uma menina e um menino mais querem na vida é crescer logo, parecer mais velhos, viver experiências exclusivas da juventude, provar momentos inéditos, deixar de ser criança. É a chegada da puberdade. Ela marca o início de uma nova fase, geralmente bem mais sedutora do que a infância. E as primeiras manifestações da sexualidade adulta começam a transbordar. Assim, por exemplo, os jovens, principalmente as meninas, tentam se vestir para provocar olhares de admiração e desejo.

Bem, na realidade, acredito que as primeiras manifestações da puberdade correspondam à expressão de um importante componente do nosso instinto sexual. Elas antecedem em alguns anos a plena possibilidade sexual e equivalem aos processos que tenho chamado de vaidade: um enorme prazer erótico difuso ligado ao ato de se destacar, chamar a atenção, atrair olhares de interesse e de admiração. Isso faz com que a pessoa, de repente, deseje muito se tornar especial, única, original, diferente de todas as outras, realmente autêntica. Por sua vez, as crianças adoram se sentir iguais às outras. Elas não gostam de ser a pobre no meio das ricas nem a rica no meio das pobres. Na infância, portanto, gostamos de nos integrar, mas, com o passar do tempo, a vaidade, que se fortalece nos anos da puberdade, nos deixa com sede de holofotes. E o fato é que essa sede nos faz buscar modos de ser diferentes, para chamar a atenção. E é claro que nem toda atenção do mundo é necessariamente capaz de nos satisfazer.

Assim, os pré-adolescentes passam horas de porta fechada e pensamento aberto; se exibindo no espelho, se imaginando mais velhos, falando como gente grande, simulando situações, criando cenas e circunstâncias no pensamento; com roupas de um irmão mais velho ou dos pais. Nesse sentido, nos seus momentos mais secretos, eles mergulham fundo nas suas próprias fantasias e, numa fase seguinte, começam a se masturbar. Movidos pela imaginação, por desejos que não cessam, por sentimentos exacerbados e por uma quentura crescente e irresistível, eles sentem com muita força o impulso sexual que entrará ainda mais em cena dentro de alguns meses. E já podem pressentir a força, o vigor, a intensidade, os latejos e as perturbações desse impulso difícil de ser refreado. Isso os deixa ansiosos por sua chegada, e também inquietos e assustados por todas as inevitáveis mudanças.

O fato é que, apesar de certa vergonha associada às mudanças físicas, os jovens sentem orgulho de seu novo corpo. É verdade que estranham um pouco a própria voz, os pelos, os seios protuberantes, a menstruação e tudo o mais que se manifesta neste momento da vida. As fantasias eróticas tomam forma e ganham uma dimensão enorme. A impressão inicial é de que não vamos pensar em mais nada. E há dias em que realmente não pensamos em mais nada. Nessa fase, os estudos e as atividades escolares, por exemplo, se tornam muito pouco interessantes diante de tantas novas sensações, tantos novos passos, tantas novas possibilidades se abrindo para nós feito um horizonte oferecido Só os mais disciplinados conseguem alguma concentração para os estudos.

O desejo sexual intenso passa a fazer parte de tudo, até mesmo dos sonhos, que se tornam eróticos por excelência, tanto dos que ocorrem durante o sono como dos devaneios que temos quando estamos acordados. Parece que só conseguimos mesmo pensar em sexo, o que costuma ser assustador, principalmente quando os pensamentos começam a nos paralisar, nos atrasar, nos angustiar, nos atrapalhar, nos impedir de fazer outras coisas e dar outros passos, durante vários momentos do dia.

Em geral, os meninos sonham com as meninas, as desejam com todo o vigor. E as meninas, é claro, percebem que são muito cobiçadas, e isso as envaidece, as excita, mexe muito com elas. Mas coragem de tomar alguma atitude ninguém tem. Ela começa a surgir um pouco mais tarde, quando, nas festas ou reuniões, meninos e meninas tentam as primeiras intimidades e começam a "ficar". É assim que eles estabelecem ligações eróticas superficiais, sem qualquer tipo de compromisso. E, se antes os pais ficavam muito assustados com as práticas inventadas por seus filhos, passaram a imitá-los.

Assim, os jovens experimentam as primeiras frustrações nessa área: o menino deseja mais do que tudo ficar com determinada menina que o rejeita; a menina espera mais do que nunca despertar o interesse de um menino que não mostra entusiasmo por ela. Então, surge um sentimento novo, ao menos no que diz respeito à intensidade: a sensação de humilhação. É um tipo de dor muito mais forte do que a vergonha que todos sentimos quando, por exemplo, somos surpreendidos em alguma pequena transgressão. E essa humilhação, na verdade, corresponde à dor relacionada com a ofensa à nossa vaidade. A partir da puberdade, essa dor, derivada do fato de alguém não nos querer e preferir outra companhia, pode ser uma experiência tão forte que muitos rapazes – mais estes porque a eles está reservado, em princípio, o papel de tomar a iniciativa – tornam-se tímidos, sem coragem de tentar novas aproximações.

Certas coisas se tornam sérias e importantes

Os prazeres, de fato, são bem mais intensos. Porém as dores não ficam atrás. Elas são fortes, assustadoras, terríveis, e a humilhação é algo que nos fere brutalmente, prejudicando muito a nossa autoimagem, já tão precária. Aliás, costumamos nos achar muito feios na puberdade. Em geral, achamos que temos as pernas finas demais, grossas demais, olhos muito pequenos, ou muito grandes, cabelos, nariz, tudo fora dos padrões, como se só houvesse um padrão para a beleza. E o sucesso, especialmente com o sexo oposto, nos deixa orgulhosos e envaidecidos. Por sua vez, o fracasso nos deixa humilhados e derrotados. E isso vale para ambos os sexos. Começa a ficar claro que o jogo da vida adulta é muito mais pesado do que os jogos da infância. Os tombos são bem maiores, e a probabilidade de cairmos não é nada pequena.

A intensidade das dores envolvidas nas práticas da vida adulta nos leva a perceber que essas práticas são sérias. Essa seriedade não deriva da relevância daquilo que se está fazendo, e sim das dores que podem ser sentidas em caso de fracasso. Chamamos de coisa séria tudo o que nos provoca grande alegria e nos dá prestígio, em caso de sucesso, e grande tristeza e humilhação, em caso de fracasso. Tudo dependerá, portanto, do valor atribuído a uma determinada atividade. Por exemplo, para aqueles que consideram essencial ter um bom rendimento escolar, a nota baixa poderá provocar enorme dor e humilhação. Para quem atribui valor a um jogo de futebol, a derrota provocará a mesma sensação, principalmente diante da felicidade do torcedor adversário. Uma pessoa atribuirá valor a certas atividades e não a outras, segundo critérios próprios. Assim, embora os pais possam achar mais relevante o resultado escolar do que o esportivo, o jovem pode não compartilhar dessa opinião. Atividade importante é aquela na qual sentimos que o sucesso nos trará prestígio perante nossos companheiros, e o fracasso, por sua vez, nos trará rejeição, desprezo, indiferença.

São muitos os jovens que, diante do risco de fracasso presente em tudo o que fazem, se acovardam diante das atividades que não dominam totalmente. Um rapaz, ao se reconhecer com algumas dificuldades para os estudos, tenderá a ser muito displicente nessa área. Sim, porque, se não for dedicado e obtiver maus resultados, sua vaidade não será muito afetada. Afinal, não tinha mesmo interesse no assunto! Moças consideradas muito bonitas, com exceções, tenderão a se dedicar apenas à aparência física, que já é o seu forte, deixando de lado outras atividades em que poderiam ter resultados menos chocantes. E como é forte a nossa tendência para abandonar as atividades nas quais tememos fracassar. Preferimos a desistência – que parece um fracasso menor – à humilhação de nos empenharmos e no final sermos malsucedidos.

Porém, as coisas não são tão simples assim. Não iremos a parte alguma, se não formos capazes de correr o risco de fracassar. Logo, percebemos que o sucesso dependerá em grande parte da nossa persistência diante de questões que nos parecem muito difíceis. Aqueles que forem mais determinados e não desistirem com tanta facilidade, quando enfrentarem os obstáculos, terão mais chances de ser bem-sucedidos.

Além disso, a consciência de que o sucesso é condição reservada a poucos aparece logo nos primeiros anos da adolescência. Vivemos numa estrutura social semelhante a uma pirâmide, e o número de pessoas tende a decrescer à medida que nos aproximamos do topo. Não há como ser diferente, pois, se todo mundo conseguir determinada façanha, esse feito já não trará mais destaque, porque deixará de ser incomum. Nem sempre nos assustamos muito com essa constatação. Na juventude, costumamos pensar de forma onipotente: nada de ruim vai nos acontecer e temos certeza absoluta de que todas as alegrias da vida farão parte da nossa história. É evidente que esse raciocínio é enganoso e suaviza a angústia, que seria enorme se percebêssemos que, na verdade, apenas poucos de nós conseguirão atingir seus objetivos.

De fato, recorrer à imaginação e aos devaneios faz parte dos processos que usamos para suavizar tensões, medos, tristezas, vazios, dores, frustrações. Esse mecanismo se estende por boa parte da vida adulta. Tudo o que não conseguimos fazer na vida real acontecerá em nossos sonhos exatamente como desejamos. Passamos longas horas trancados no quarto sonhando com as experiências sexuais que não temos coragem de ter, com os romances que não nos acontecem na realidade, com o sucesso profissional, social e material que esperamos ter um dia.

Nos sonhos somos admirados, cobiçados e amados. Na realidade, estamos às voltas com nossos complexos de inferioridade, com as espinhas no rosto, com o desejo de sermos mais altos, mais magros, com cabelos mais de um ou de outro jeito, e por aí vai. No sonho, somos heróis, ao passo que na realidade "não passamos de vermes" – pensamos.

A solidão volta a atacar

Uma outra característica da adolescência é a necessidade que se tem de mostrar cada vez mais a independência em relação aos pais e outros familiares. Aprendemos, ainda que não seja bem verdade, que a dependência emocional em relação aos parentes é coisa de criança. Agora que estamos nos tornando adultos não deveremos mais proceder do mesmo modo; assim, não poderemos mais recorrer aos pais se tivermos um pesadelo durante a madrugada. Teremos de suportar com dignidade todo o medo que toma conta de nós quando ouvimos os ruídos estranhos tão comuns à noite. De um dia para o outro, crianças inseguras e dependentes terão de se transformar em adultos firmes, seguros, sem medo e independentes.

É evidente que ninguém consegue realizar essa proeza. Resta então o recurso de fingir uma força que não se tem, uma segurança que é esperada, mas que não é sentida. O mais grave, nos processos coletivos de fingimento, é que sabemos que nossa postura é falsa, mas pensamos que a dos outros é verdadeira! Dessa forma, todo mundo se sente ainda mais por baixo – o que faz mal à nossa vaidade e nos humilha. Os processos que reforçam os sentimentos de inferioridade são muito importantes porque, se não forem muito bem entendidos e desmontados, poderão nos perseguir ao longo de toda a vida adulta.

Não há como ser diferente: todas as complicações da adolescência só podem nos deixar cada vez mais inseguros. Deparamos com novos desafios, temos possibilidades de sofrimentos muito maiores. Para que passemos melhor por essa fase é essencial que nos permitamos sentir todo tipo de emoções, mesmo aquelas consideradas negativas. Temos de ter direito ao medo, de nos sentir inseguros e mais ameaçados do que nunca. Não fomos treinados para a independência, e é evidente que não conseguiremos nos transformar de um dia para o outro. O fato de termos crescido alguns centímetros – com frequência uns tantos a mais do que nossos pais – não nos faz fortes e poderosos. Somos criaturas igualmente desamparadas e com medo, só que agora com a voz grossa ou com os seios crescidos.

Se quisermos nos aprofundar um pouco mais no estudo das consequências do surgimento da sexualidade adulta sobre nosso estado mental, veremos com facilidade que esse instinto nos traz mais solidão do que aconchego. Sim, porque a vaidade pede o destaque. Destacar-se significa ser diferente, especial, significa ser único! Ora, o que é único não se enturma. O único é solitário. Felizmente não conseguimos nos destacar na vida real como costuma acontecer em nossos sonhos, pois não suportaríamos a solidão.

Temos de nos afastar da família para começar a nos perceber como indivíduos, como alguém separado do seu ambiente de origem. Isso explica a tendência de os jovens aderirem a hábitos diferentes – quando não censurados – daqueles defendidos por seus pais. Vestem-se de forma peculiar, gostam de músicas consideradas estranhas, ou se interessam por drogas. Tais aves desgarradas estarão orgulhosas e envaidecidas por serem assim diferentes, pois acham que, voando para longe, afastando-se dos antigos elos amorosos, estarão evoluindo. Mas eles acabam se sentindo extremamente solitários e abandonados. Então, se aproximam de outros jovens que estão tentando compor sua identidade de forma parecida: os que usam as mesmas roupas, que se interessam pelos mesmos assuntos, que se rebelam e se individualizam da mesma forma. Em outras palavras, os jovens saem em busca de sua turma, sua tribo.

Nesse caso, ao encontrar com seus semelhantes, voltam a experimentar a mesma sensação de aconchego, própria de quando se interrompe a dolorosa vivência de abandono e solidão. É como se a turma fosse uma nova família, constituída de pessoas que pensam e sentem os fatos de modo parecido; nessa turma, geralmente não nos sentimos criticados, nos sentimos aceitos por aquilo que somos. A vaidade ainda poderá se manifestar. Afinal, passamos a pertencer a uma tribo especial e melhor do que as outras! Em vez de nos destacarmos individualmente, coisa que nos provocaria as dores da solidão, passamos a fazer parte de uma turma (que acreditamos ser especial), e a nos destacar junto com os demais integrantes dela. Não deixa de ser uma saída inteligente para a nossa ambivalência básica: conciliar o desejo de aconchego com o de ser especial e único.

A vida é difícil e nem sempre tão boa

Gostamos de pensar que a vida é boa

Desde crianças ouvimos os adultos falarem que a vida é bela, ótima, cheia de aventuras e de divertimentos espetaculares. Mas será que o nosso dia a dia, quase sempre tão repetitivo, tão angustiante, tão monótono e tão sem graça, também pode ser apaixonante? Acho que temos uma ligação muito forte com a vida. Nós a amamos porque isso faz parte de nossa natureza. É isso mesmo. Temos um impulso que nos prende à vida, que nos faz ter um amor incondicional por ela. Amamos a vida de todo modo, mesmo quando ela é chata, cansativa e cheia de dificuldades. Ah, e eu uso a expressão "amor incondicional" para dizer que esse nosso sentimento não é muito criterioso nem determinado por fatores racionais. Não amamos a vida porque ela é deste ou daquele modo. Amamos a vida sem precisar de motivos, e pronto, está acabado.

Então, por causa desse amor, temos a impressão de que a vida é boa e gostosa de ser vivida. Só que nem sempre isso é verdade. Ela também é cheia de percalços, dores, perdas e decepções de todo tipo. Mas parece que todos esses tantos momentos difíceis são menos frequentes do que os momentos prazerosos. Mas será que os momentos de prazer são mais frequentes do que os de sofrimento para a maioria das pessoas? Depende de cada história de vida, claro, mas mesmo aquelas pessoas que vivem em condições realmente muito dolorosas, em todos os aspectos, dizem que a vida é boa e que vale a pena viver.

Há outros aspectos que fazem com que nos apeguemos à vida, além do amor incondicional. Um deles é o medo da morte, de forma que tememos tudo o que é desconhecido. De todo modo, o medo da morte e a angústia que sentimos quando pensamos no assunto, no fundo, nos fazem contentes por estarmos vivos, ainda que estejamos passando por momentos tristes, decepcionantes, vazios e sofridos.

O outro aspecto que nos liga fortemente à vida são os elos afetivos com as pessoas que são importantes para nós. A morte significaria o afastamento dos nossos pais, amigos, parentes, amores. Temos apego à vida, ao planeta, à nossa pátria, à nossa casa, aos nossos afetos. Não queremos nos afastar daqui, porque as dores relacionadas com a separação costumam ser muito intensas.

Assim, costumamos mesmo nos apegar com força à vida e achar que ela, de fato, é muito boa. E, quando achamos que a vida é maravilhosa, a nossa expectativa fica bem alta. Isso aumenta consideravelmente a probabilidade de sofrermos muitas decepções. Afinal, se acharmos que a vida deve ser ótima, cada vez que depararmos com alguma dificuldade teremos a impressão de que aquilo não deveria estar acontecendo, de que nossa vida, em particular, está muito aquém do que deveria ser. Se a vida fosse mesmo tão boa, tão incrível, tão perfeita, cada vez que algo importante desse certo não teríamos sequer razão para tantas comemorações, pois isso seria o natural, o óbvio, o esperado. Por outro lado, cada coisa que desse errado nos provocaria uma brutal decepção.

Na realidade, são muitas as dores que temos de enfrentar. Por isso, me seduz mais pensar que a vida é um tanto dolorosa e difícil. Além de mais verdadeira, essa visão nos deixa em uma posição mais lúcida para avaliar os fatos que nos acontecem. Coisas tristes nos maltratam, porém são próprias da nossa condição. Coisas alegres nos fazem particularmente felizes, pois não são obrigatórias. Se nossas expectativas forem muito altas, sempre nos decepcionaremos. Se fizermos o contrário, ou seja, baixarmos nossas expectativas a um nível quase próximo do zero – que é o mais realista –, cada vez que acontecerem coisas relativamente boas teremos ótimas razões para comemorar.

Por sua vez, algumas pessoas têm um nível de expectativa abaixo de zero. São as pessimistas, aquelas que sempre acham que tudo o que se relaciona com elas terá resultado negativo. Isso vale tanto para assuntos que dependem delas como para temas relacionados com o acaso. Elas estão sempre se preparando para alguma dor inevitável. E provavelmente acabam contribuindo para que as coisas andem mal, tanto pelo pensamento negativo como pela falta de esforço. A má vontade é uma consequência lógica para quem sempre acha que nada vai dar certo. Esse caminho deve ser evitado a qualquer preço. Quem vive assim sofre demais e rende muito menos do que seria de esperar pela sua capacidade.

Insisto em dizer que as dores da vida são inevitáveis, ao passo que os prazeres e as alegrias podem ou não acontecer para cada um de nós. Ao pensarmos na vida como algo doloroso e difícil, estaremos mais preparados para enfrentá-la e para tirar dela o máximo de satisfação possível.

A vida é rica em pequenas contrariedades

É absolutamente impossível viver sem ter de enfrentar, várias vezes por dia, pequenos aborrecimentos e decepções. O trânsito nos atormenta e nos atrasa. O ônibus demora para chegar, o pneu do carro fura. Gripes, resfriados e pequenas doenças também fazem parte de nossa vida cotidiana. Nem sempre conseguimos resolver um problema de Matemática ou de Física que parecia fácil. O despertador tocou de manhã, e o sono foi mais forte do que nossa disposição para levantar e ir fazer o exercício a que havíamos nos proposto. O time do nosso coração perdeu a decisão do título pelo qual tanto ansiávamos. A pessoa que amamos não se interessa mais por nós. A viagem de férias tão desejada teve que ser adiada. E assim por diante.

É inevitável que essas coisas façam parte de nosso cotidiano. Nem o mais prevenido dos indivíduos poderá impedir que acontecimentos desagradáveis o persigam por toda parte. Aliás, não é boa política querer controlar tudo o que nos cerca, apesar de muitas pessoas tentarem essa proeza impossível. Não há como evitar que aconteçam fatos independentes de nossa vontade – e que muitas vezes não dependem da vontade de ninguém. Uma atitude controladora denuncia fraqueza, e não força, porque o controlador busca evitar as dores e as frustrações associadas aos acontecimentos negativos, pois tolera mal o sofrimento. O forte suporta melhor as dores da vida e consegue deixar mais espaço para o improviso e para o acaso. Esse aspecto da nossa psicologia é essencial para que possamos viver bem.

Além da dificuldade que temos – uns mais, outros menos – de lidar com as dores e frustrações em geral, existe um tipo especial de sofrimento ao qual devemos dar mais atenção. Corresponde ao que chamamos de orgulho ferido. Já sabemos que a vaidade faz parte da nossa sexualidade; a partir da puberdade, tornamo-nos particularmente sensíveis a determinados tipos de ironias, deboches e situações públicas que nos diminuem.

Também nos tornamos muito mais orgulhosos do que éramos na infância. Isso significa que nos sentimos bem mais machucados com os acontecimentos que nos rebaixam. Quando não somos devidamente prestigiados, nos sentimos inferiorizados em relação às pessoas do nosso convívio, o que determina uma dolorosa humilhação. O medo de ter de passar por esse tipo de sofrimento nos leva a buscar comportamentos bem-aceitos e elogiados pelas pessoas a quem nos interessa agradar e cuja opinião a nosso respeito é importante.

Das contrariedades menores, a humilhação é a maior e a mais difícil de ser suportada com dignidade e classe. É muito comum que as pessoas, quando feridas no orgulho, tenham reações explosivas e descontroladas. Uma das situações mais incômodas para quem lida mal com a humilhação está ligada aos relacionamentos mais íntimos. Por exemplo, se um rapaz namora uma garota e ela dá sinais de que se interessa por outro, o namorado poderá sentir isso como grave ofensa ao orgulho. O ciúme está relacionado com a vaidade de uma forma muito direta. Afinal, nos sentimos ofendidos porque o amado tem olhos e pensamentos para outras pessoas além de nós – o que é inevitável. Então o que acontece? Surge a lamentável tendência para controlar quem amamos. As pessoas tentam, a partir daí, controlar os passos do amado com o intuito de impedir que a situação de humilhação se concretize.

Muitas vezes as pessoas tentam controlar o meio externo com o objetivo de impedir frustrações, ao mesmo tempo que procuram controlar o comportamento daquelas que elas amam para impedir a maior das dores menores, que é a humilhação – nesse caso, a dor seria perceber-se menos interessante do que outra criatura. O desejo de mandar nas pessoas que nos são queridas não é, em hipótese alguma, prova de amor. É sinal de fraqueza, porque significa que não temos coragem de correr o risco de perder o amado e também que admitimos a hipótese de sermos trocados com relativa facilidade. E isso indica que não fazemos muito bom juízo de nós mesmos. A grande verdade é que os comportamentos controladores não só não impedem que os fatos que tanto tememos ocorram como ainda aumentam as chances de que eles aconteçam. No caso das relações afetivas isso é mais do que óbvio: uma pessoa reprimida e castrada nos seus direitos de opinião e de locomoção um dia pode rebelar-se e abandonar quem a tiraniza.

As grandes dores da vida são inevitáveis

Não é o meu objetivo defender uma visão negativa ou pessimista da vida. Apenas penso que é indispensável nos posicionarmos de uma forma realista e sincera diante dela, a fim de encontrar um caminho para aproveitá-la melhor. O exemplo que estou tentando seguir é o de Buda. Ele era um príncipe que cresceu afastado de todo tipo de dor e de sofrimento a que nós, seres humanos comuns, estamos sujeitos. Um dia, saiu das muralhas do palácio e foi à cidade. Lá viu tudo aquilo de que tinha sido poupado. Abandonou a vida que levava e foi atrás de inspiração para criar um modo de ser e de pensar capaz de incorporar todos os sofrimentos que fazem parte de nossa existência.

De nada adianta tentar tapar o sol com a peneira. Devemos ser educados de forma realista desde o início da vida. Sei que são poucas as famílias que conseguem dar esse tipo de educação aos filhos, a não ser quando alguma tragédia – a morte de um parente muito querido, por exemplo – as obriga a tratar dos assuntos particularmente dolorosos e difíceis. Ao mesmo tempo, é compreensível que os pais evitem esse tipo de conversa com os filhos, uma vez que eles mesmos detestam lidar com tais questões ou se sentem fracos para isso.

E que questões são essas que correspondem às nossas maiores dores? Fundamentalmente há dois tipos: as que dizem respeito aos grandes sofrimentos físicos e as relacionadas com os grandes sofrimentos mentais e morais. Os grandes sofrimentos físicos correspondem, inicialmente, ao ato de nascer, tanto do ponto de vista da mãe – que é o mais visível – como do feto, obrigado, pela primeira vez, a sentir dores e desconfortos de toda espécie. Depois vêm as doenças graves e eventuais cirurgias que quase todas as pessoas terão de vivenciar. A seguir, o envelhecimento, que traz tanto os novos sofrimentos físicos relacionados com a degeneração de todos os órgãos do corpo como os de natureza psíquica e moral, ligados à aceitação do fato de estar se aproximando do fim. Além da horrível sensação de perder a beleza e o viço da mocidade, a deterioração da pele, as dores nas articulações, a deterioração da memória, a diminuição da função sexual, do vigor físico e intelectual entre tantos outros sinais da idade podem provocar tristeza e dor.

Os grandes sofrimentos psíquicos também têm início com o nascimento – nossa primeira e maior dor, relacionada com a ruptura de um elo, de um vínculo. O feto se formou e cresceu em aliança com a mãe, não se reconhece sem ela. Assim, ele não pode deixar de sofrer muito com a ruptura determinada pelo parto. A partir de então surge uma sucessão de dores ligadas à sensação de desamparo derivada da percepção de estar só e ser totalmente dependente. Os primeiros tempos de vida são terríveis para todos nós. Por mais que a mãe se esforce para ser onipresente, jamais conseguirá evitar que o bebê se sinta abandonado – e, por isso mesmo, desesperado –, ainda que isso aconteça com pouca frequência. Dessas experiências infantis sobram alguns resquícios que nos acompanham por toda a vida e que fazem dramáticas as horas de solidão, especialmente durante a noite.

Fica claro, então, que nossa primeira grande dor psíquica está relacionada com uma ruptura, com a separação de duas criaturas. Não é raro que a mãe também se ressinta da quebra desse elo e tenha forte depressão nas semanas que sucedem ao parto. Dessa forma, a dor relacionada à quebra de alianças afetivas corresponde à nossa grande dor psíquica em todas as fases da vida. Quando nossos pais – ou outros adultos aos quais somos apegados – morrem, o que mais dói é o fato de que jamais poderemos voltar a conviver com eles. Assim, na morte também acontece a ruptura de um elo, o afastamento de uma pessoa muito significativa para nós. A própria ideia da nossa morte, que também muito nos maltrata, está relacionada com a separação daqueles a quem amamos – só que, nesse caso, somos nós que partimos.

Além do nascimento e da morte, todas as outras grandes dores psíquicas correspondem a rupturas de importantes elos sentimentais: o sofrimento causado pelas dificuldades que todos vivemos nos relacionamentos amorosos. Um namoro que é rompido, especialmente quando acontece contra nossa vontade, corresponde a uma vivência muito amarga, e a dor da perda é similar à da morte. Temos a impressão de que não seremos capazes de resistir a tamanho sofrimento. Felizmente, isso não é verdade, e o tempo certamente nos ajuda a superá-lo.

As decepções com amigos íntimos, em quem confiávamos de verdade, também provocam enorme dor. Nesse caso, ocorre uma associação do sofrimento relacionado à ruptura do elo afetivo – que entre amigos é tão intenso quanto entre namorados – com a dor de nos sentirmos traídos e humilhados por alguém em quem depositávamos confiança. Aliás, nas dores causadas por uma perda amorosa, é comum nos sentirmos ofendidos quando somos trocados por outra pessoa. Costumamos chamar de rejeição a associação da dor da perda amorosa com a ofensa à vaidade pelo fato de termos sido trocados ou desprezados. De certa forma, é mais fácil tolerar a perda do marido, ou da esposa, quando ele ou ela morre do que quando se apaixona por outra pessoa.

São muitos os prazeres da vida

O que é dor?
O que é prazer?

Quais são, de fato, os nossos grandes prazeres? O que é realmente dor e o que é realmente prazer? É fundamental saber o sentido dos termos que usamos. Se nos habituarmos a esse tipo de exercício intelectual, perceberemos como usamos palavras sem saber direito o que estamos dizendo. Temos de aprender a pensar de modo mais detalhado, para chegar a conclusões mais precisas.

Para o filósofo Spinoza, a dor seria a sensação que deriva da transição de uma condição boa para uma pior. E o prazer corresponderia à sensação que deriva da transição de uma circunstância pior para outra melhor. A definição é concisa e útil. Além disso, ela nos ajuda a perceber a existência da transição, um importante componente nos processos de prazer e de dor.

As fortes sensações, tanto as negativas como as positivas, só são percebidas com todo o seu vigor durante um certo tempo, exatamente durante a transição. Quando nos sentimos bem, não experimentamos nenhum tipo especial de prazer. É como se estar bem fosse uma condição natural a que estamos totalmente acostumados e na qual nem mesmo pensamos. Quando ficamos doentes, porém, experimentamos enorme sensação de dor – não só a dor relacionada à doença em si, mas também a dor que sentimos pela perda da saúde. Então, nos lembramos da importância da saúde e de como temos sido negligentes ao não dar valor a ela. Depois de alguns dias, nos curamos e experimentamos um grande prazer porque saímos de uma situação ruim para uma situação melhor, a volta do bem-estar e da disposição física. Acordamos felizes por alguns dias e nos lembramos de como é bom ter saúde. Pouco tempo depois a transição não existe mais, e voltamos a sentir nossa boa condição como natural. Assim, o bem-estar, por si só, não gera mais prazer.

Pode parecer triste, mas os prazeres só podem ser sentidos por certo tempo, ao menos em toda sua intensidade. E o mesmo acontece com qualquer tipo de satisfação. Se uma pessoa ganhar um relógio novo – seu maior desejo –, o presente será fonte de enorme prazer apenas nos primeiros dias. Depois, com o passar do tempo, a pessoa se acostuma com o presente e já nem percebe a diferença entre ele e o relógio anterior. Talvez essa seja a razão pela qual estamos sempre querendo coisas novas, sensações diferentes, parceiros antes considerados impossíveis. É por causa desse mecanismo que não nos saciamos com os bens materiais; ele faz com que sempre precisemos – para voltar a sentir prazer – de coisas novas e que nos deem, outra vez, a sensação de que estamos diante de uma perfeição maior. Talvez isso tenha levado muitas pessoas a pensar que não vale a pena investir muita energia na aquisição de coisas materiais, pois o prazer que elas nos dão é muito efêmero.

Fenômeno idêntico acontece com as dores, o que é muito conveniente quando elas ocorrem de forma mais grave e radical. Esse é o lado positivo de só sentirmos fortes emoções durante as transições. Num exemplo extremo, a dor sentida por uma pessoa que fica paraplégica é muito menor do que imaginamos. Quando alguém nasce com uma limitação física, não pode vivenciá-la como dor, porque não conheceu uma condição melhor, a não ser pela comparação posterior com as outras pessoas. Já no caso de uma pessoa que era normal e se tornou paralítica, a dor psíquica é brutal, pois essa é uma das transições mais negativas que alguém pode vivenciar. O importante é que, aos poucos, a pessoa vai se acostumando com a nova condição, e essa dor tende a diminuir. Desse modo, depois de alguns meses, estará tão acomodada na nova situação de vida que a dor será bastante tolerável. Está certo o dito popular de que "não há mal que sempre dure nem bem que nunca acabe".

Os prazeres que derivam do fim da dor

Há dois tipos de prazer: os que sentimos pelo fim de uma dor ou desconforto – chamados de prazeres negativos – e os que independem da existência de uma dor prévia e que são os prazeres propriamente ditos, também chamados de prazeres positivos. Em ambos os casos, o prazer corresponderá à passagem de uma situação atual para outra melhor.

No primeiro tipo de prazer, a situação original é negativa, desagradável, incômoda, sofrida. No segundo tipo, o do prazer propriamente dito, a situação original é neutra – nem boa nem má. Nos prazeres que derivam do fim de uma dor, o ciclo tem início em um ponto negativo qualquer e vai para o zero ou para próximo dele. No segundo caso, o ciclo começa no zero e vai para o lado positivo.

Qualquer atenuação de uma dor é uma forma de prazer. Se uma pessoa estiver com forte dor de cabeça e tomar um comprimido capaz de diminuir ou fazer desaparecer a dor, experimentará uma imediata sensação de alívio e prazer. Se estiver com fome e tiver acesso à comida, sairá do negativo – fome – para o zero – saciedade –, o que é prazer. Mas, se tiver acesso a uma comida muito especial, que lhe dê enorme prazer, talvez saia do negativo não para o zero, mas para um ponto positivo. Esse prazer a mais deriva de algum tipo de requinte e sofisticação acrescentado à simples necessidade de comer. Assim sendo, a essa necessidade foram adicionados elementos ligados à arte da gastronomia, que determinaram um prazer ainda maior.

Podemos, então, subdividir os prazeres relacionados ao fim de uma dor em dois grupos: os prazeres simples e os que estão associados a algum tipo de requinte intelectual ou erótico. Um exemplo de prazer simples é aquele que sentimos quando estamos com muita vontade de urinar e finalmente temos acesso a um banheiro. Nessas condições será irrelevante o fato de o banheiro ser lindo e requintado; basta que seja limpo e que tudo nele esteja funcionando bem. O mesmo vale para a água que bebemos vorazmente quando estamos com muita sede.

No caso da sede e da fome, poderemos ter o simples prazer de saciá-las, ou um prazer mais sofisticado quando a satisfação dessas necessidades se associa ao requinte de um prato bem decorado ou a uma bebida bem preparada e que seja capaz de nos encantar. No caso do vestuário, tudo aquilo que não estiver a serviço apenas de nos cobrir e nos impedir de sentir frio é prazer derivado de uma associação de elementos estéticos e eróticos. Há prazer especial em usar uma roupa que chame a atenção das outras pessoas. Há mesmo um prazer antecipado, que surge na hora em que compramos a roupa ou em que a experimentamos. A necessidade de se vestir – coisa simples – dá origem a um prazer mais complexo e sofisticado que se associa a componentes próprios do outro tipo de prazer. Porém, não devemos esquecer que vestir-se corresponde a uma necessidade básica e que, portanto, a função inicial da roupa é a resolução de uma dor relacionada ao frio ou ao pudor da nudez.

Pode parecer estranho à primeira vista, mas é muito adequado colocarmos aqui o amor como prazer associado ao fim de uma dor. Trata-se de uma sensação de paz, harmonia e aconchego que temos quando estamos próximos daquela pessoa – ou daquelas pessoas, incluindo amigos e parentes queridos – especial e única à qual nos sentimos ligados por essa emoção. A dolorosa sensação de solidão, de que falta algo, desaparece com a chegada do amado, exatamente como acontece com a sede quando bebemos um copo de água. O amor atenua a dor do abandono e do desamparo. Ele nos faz bem e nos dá o prazer provocado pelo fim dessa dor. Quando estamos longe do amado, voltamos a sentir muita dor – a saudade. Depois nos acostumamos com a presença do amado, e, se não tomarmos cuidado, acontecerão as brigas e os desentendimentos decorrentes das inevitáveis diferenças. Quando acontece a briga, há a iminência da perda, acompanhada de dor. A reconciliação é, de novo, enorme prazer. Será por isso que os namorados brigam tanto?

Por sua vez, quando o sexo se associa ao amor, as coisas ficam um pouco mais complicadas, pois o prazer deixa de estar relacionado apenas ao fim da dor da solidão. Nesse caso, estamos diante de um prazer misto, em que elementos ligados ao erotismo dão cores e estímulo para prazeres renovados sem a necessidade de brigas. Como veremos, o sexo é um prazer positivo e não necessita de dores anteriores para se manifestar como coisa boa. Isoladamente, amor é paz e harmonia. Quando se associa ao sexo, ganha as cores do desejo.

Os prazeres propriamente ditos

É fato que o ser humano foge do que lhe provoca dor e busca o que lhe dá prazer. A esse mecanismo Freud chamou princípio do prazer. Porém, há muitas situações em que devemos tolerar certa quantidade de dor e até mesmo abrir mão de importantes prazeres imediatos em favor de uma gratificação maior prevista para algum momento futuro. A isso Freud chamou princípio da realidade, que se contrapõe ao princípio do prazer, quando a renúncia nos parece mais conveniente e adequada. O princípio do prazer reina desde que não existam impedimentos racionais ou de ordem moral.

Os prazeres relacionados com o fim das dores estão ligados à recuperação do equilíbrio do corpo ou homeostase. Há prazeres, no entanto, que são desequilíbrios do organismo. Esses desequilíbrios são sentidos como agradáveis, ao contrário da grande maioria, que é dolorosa. Por isso os buscamos ativamente. A excitação sexual é um desequilíbrio delicioso. Uma pessoa não precisa sentir nenhum tipo de desconforto para que uma imagem erótica – ou mesmo um pensamento que sugira alguma possibilidade de intimidade física – desperte imediatamente essa sensação de desejo e excitação. O processo sai do zero: estávamos em paz e aí uma imagem, um pensamento, um cheiro, um toque, um som ou um encontro despertam a nossa atenção, e a nossa vontade começa a nos provocar e desperta ainda mais a nossa imaginação.

Não foi à toa que Freud associou o sexo à vida e à ação. É a sensação capaz de nos fazer agir, mesmo quando não necessitamos acabar com nenhum tipo de dor. O componente sexual relacionado com nossa vaidade nos move na direção do destaque, de chamar a atenção. Por meio da vaidade, a sexualidade se intromete em quase todas as áreas da nossa vida íntima. Ela nos leva a querer encontrar um parceiro amoroso do qual possamos nos orgulhar, a buscar bons resultados em nossas atividades esportivas, a sonhar com o sucesso profissional e financeiro, sempre com o objetivo de atrair olhares de admiração.

A vaidade participa de toda a nossa vida interior, influindo até mesmo na conduta moral. Por exemplo, a generosidade, tida como uma virtude, é uma forma de se destacar e de atrair olhares de admiração e respeito.

Nesse sentido, a sexualidade, por meio da vaidade, participa também de nossos processos intelectuais. Por isso, para Freud, ela era o único impulso na direção de um prazer não relacionado com o fim das dores. Entretanto, não é essa a minha posição, pois acredito que existam prazeres próprios da atividade intelectual que não têm nada que ver com sexo nem com exibicionismo (embora a vaidade possa se acoplar a eles em um momento posterior). Ler um ótimo livro, assistir a um filme inteligente, ouvir uma música que nos emociona, por exemplo, são enormes prazeres, independentemente de estarmos acompanhados ou interessados em nos exibir como pessoas cultas. O prazer intelectual existe e corresponde ao prazer do espírito. Ele é isolado dos prazeres do corpo, este sim de natureza essencialmente sexual.

É comum observarmos jovens que têm uma atitude de descaso e desprezo pelos prazeres ligados ao conhecimento. Mas, se perceberem que uma pessoa, ao estudar artes, ao se empenhar para compreender uma ideia nova, ao assistir a um espetáculo teatral, poderá sentir emoções idênticas às que eles sentem ouvindo o seu som favorito, deixarão de ver essas atividades como estúpidas e sem sentido. É preciso muito cuidado para não cometer o erro de considerar algo desinteressante apenas porque nós não o entendemos, ou ainda não o experimentamos profundamente.

O que é ser forte?

O esperto não é forte

Precisamos tentar ser criaturas muito fortes para ter condições de viver de modo agradável, prazeroso e feliz. Ou seja, se formos capazes de tolerar bem as dores inevitáveis da vida – e superá-las –, poderemos ter bastante tempo e energia para usufruir os momentos de prazer e alegria, que também são muitos. No fundo, quem fica atolado nas dores, reclamando e se lamentando de tudo, está abrindo mão do prazer para resmungar.

Da mesma forma, quem passa o dia acusando terceiros, buscando sempre um culpado para as coisas negativas que lhe acontecem, e que se descontrola e se desespera diante dos fracassos e dos infortúnios, está jogando a vida fora. Seus gritos e sua revolta poderão fazê-lo parecer um forte que não se conforma com a adversidade. Mas, na realidade, é um fraco que não tolera as dores e as frustrações inevitáveis de todos nós.

Forte não é aquele que grita e esperneia quando contrariado; esse é o barulhento, o estrondoso, o fazedor de ruídos. Forte é quem suporta com dignidade as dores da existência e se recupera mais rápido dos revezes e tropeços que a vida lhe impõe.

O forte tolera bem as frustrações e as contrariedades; o fraco não as tolera e se revolta contra elas. Isso causa um enorme desgaste, principalmente porque as grandes dores pelas quais temos de passar acontecerão independentemente de nossa vontade e sem que possamos fazer nada contra elas. Então, se essas dores são inevitáveis, melhor é suportá-las e superá-las o mais rápido possível.

Uma das principais características daqueles que toleram mal os sofrimentos é tentar evitar as situações capazes de provocar dor e frustração. Se perceberem que haverá obstáculos na estrada principal, tentarão atalhos que talvez sejam menos dolorosos. É comum se afastarem dos seus objetivos, sempre com a intenção de fugir de algum tipo de dor física ou moral. O medo muito grande de uma derrota, por exemplo, poderá fazer com que uma pessoa fraqueje e evite a disputa na qual estava empenhada. Nesse caso, ela encontrará uma desculpa interessante para se esquivar e tentará convencer as outras pessoas de que sua atitude foi a mais adequada. É claro que, no íntimo, essa pessoa sempre sabe qual é a verdade, pois podemos enganar os outros, mas nunca a nós mesmos. Podemos, sim, tentar nos enganar. Mas, no fundo mesmo, não conseguimos.

A tendência de fugir dos sofrimentos, tentando atalhos menos dolorosos, parece uma grande esperteza, como se a pessoa usasse a inteligência para diminuir as dores, e chegar mais depressa aos seus objetivos. Não nego que um dos nossos objetivos é sofrer o mínimo necessário, claro. Não tenho nenhuma simpatia por pessoas ou doutrinas que induzem seus seguidores ao sofrimento como parte do caminho para a salvação da alma. Estou me referindo apenas às coisas da Terra e às situações em que o sofrimento é inevitável. Aquele que se julga esperto tenta fugir também dos sofrimentos inevitáveis, o que só é possível à custa de graves prejuízos interiores.

Por exemplo: se um rapaz deseja fazer o curso de medicina, mas teme o vestibular, poderá escolher outra carreira cujo exame de admissão seja mais fácil. Vai se arriscar menos e poderá evitar a frustração da reprovação e mais um ano de preparação. Aos olhos dos outros, ele poderá estar muito feliz e posar de superior até mesmo diante dos colegas que tentaram medicina, mas foram reprovados. O "esperto" se desviou do obstáculo maior, é verdade; porém foi obrigado a renunciar a um projeto fundamental em sua vida. Abriu mão do primeiro prêmio e aceitou, ainda jovem, um prêmio de consolação.

O generoso é mais forte do que o egoísta

O tipo de pessoa que chamei de esperta corresponde essencialmente ao mais egoísta, ou seja, quem recebe mais do que é capaz de dar. O oposto é o mais generoso, capaz de dar mais do que recebe. O egoísta costuma ser extrovertido, gosta de falar bem de si mesmo, é bastante agressivo e descontrolado, capaz de reagir com violência quando contrariado, é inconstante nos seus projetos, pois tende a abandoná-los sempre que possam redundar em fracassos, age de modo sedutor e parece estar muito feliz consigo mesmo e com o seu modo de ser. É um tipo de pessoa bastante comum, e talvez represente mais ou menos a metade da população mundial. Gosta de ser visto como alguém de gênio forte, estopim curto e mais sensível que as outras pessoas – por isso suporta tão mal as contrariedades.

Quanto à questão de ter uma sensibilidade maior ou menor, cabe uma observação que poderá nos ajudar a compreender como costumamos pensar de modo superficial e sem rigor. A verdade é que só poderíamos falar em sensibilidade diferente entre as pessoas se tivéssemos algum tipo de equipamento capaz de medi-la. Como não dispomos desse recurso, falar em sensibilidade maior é uma bobagem das grandes. Na verdade, quase sempre o que é mais egoísta usa isso como chantagem para forçar alguma pessoa com a qual convive a satisfazer seus gostos e caprichos. Caso isso não ocorra, sua "sensibilidade" fica ferida e ele tem um ataque de nervos!

Na verdade, o egoísta é realmente mais fraco, e sua tendência autoritária está ligada ao desejo de controlar o maior número possível de variáveis com o intuito de evitar qualquer tipo de dor. Não suportando as dores da vida, busca atalhos que são vistos como esperteza, mas que, na verdade, são apenas uma expressão da fraqueza. A saída pelos atalhos é muito grave, pois dá a essas pessoas um destino diferente daquele que pretendiam. E isso poderá condená-las ao fracasso e à infelicidade pessoal já nos primeiros passos da fase adulta. Vivem essencialmente para exibir uma bela imagem, mas isso jamais será suficiente para neutralizar a consciência íntima da própria incompetência, do próprio fracasso, da própria covardia.

O tipo humano predominantemente generoso, capaz de dar mais do que recebe, costuma ser mais forte do que o egoísta, porque suporta as inevitáveis frustrações que caracterizam nossa existência. Lá pelos sete anos, ele conseguiu aprender a se colocar no lugar das outras pessoas e a imaginar a dor que elas poderiam sentir diante de algum tipo de contrariedade ou injustiça. Quando o generoso é o agente causador da injustiça, se sente compelido a reverter sua atitude em favor daquele que tem mais direito a algo. Se não fizer isso, sentirá culpa, uma tristeza enorme que vem do fato de saber que provocou um dano – indevido – a outra pessoa. O generoso abre mão do que não lhe pertence porque determinado processo presente em seu mundo interior o torna capaz de abrir mão de sua própria vontade para tentar entender os direitos dos outros. O egoísta não faz esse tipo de operação psíquica porque não suportaria a dor relacionada com a renúncia de algo que deseja.

O generoso aprende a dominar melhor as emoções, exatamente para não magoar injustamente as outras pessoas com suas reações agressivas e impulsivas. Torna-se mais tolerante com as diferenças de opinião, controla melhor sua preguiça e consegue ser mais determinado, mais disciplinado, mais capaz de perseguir seus objetivos, mesmo que isso implique risco de fracassos. Ele também desenvolve uma coragem interior relacionada com o sofrimento, de modo que não se desviará de sua rota apenas por medo das dores psíquicas causadas por eventuais contrariedades. Desenvolve um orgulho íntimo relacionado com a constatação de que é capaz de enfrentar os problemas. E, sem perceber com clareza, se torna vaidoso dessa força que se relaciona com a capacidade de renunciar em favor do outro.

Na realidade, em geral, o generoso passa a gostar tanto de renunciar – pois isso faz bem à sua vaidade, faz com que se sinta melhor, especial, superior – que às vezes age dessa forma até mesmo quando não deveria. Ou seja, ele passa a abrir mão até mesmo dos seus legítimos direitos. E pensa mais ou menos assim: "Não me custa nada dar essa camiseta para o meu irmão; ele está tão ansioso por ela, tão triste por não ter uma igual; eu não ligo para isso, posso abrir mão dela em favor dele; me sinto bem fazendo isso". De fato, a pessoa se sente bem ao agir com tal superioridade, ao renunciar ao que lhe pertence apenas para satisfazer um capricho de outro, mais fraco e intolerante a frustrações. Mas, embora pareça um comportamento inofensivo e até mesmo muito elegante, na verdade não é. Além de fazer enorme mal ao que é mais egoísta e que se acostuma cada vez mais a chantagear para obter favores indevidos, esse comportamento vai viciando o generoso em um modo de se destacar pela capacidade de renúncia.

Só o justo é forte e livre

Desta forma, o generoso se torna viciado em receber elogios por sua capacidade de abrir mão do que lhe pertence em favor de outras pessoas. Como os elogios nos envaidecem muito, nos empurram para buscar quantidade cada vez maior de elogios semelhantes. Na prática, as pessoas generosas vão ficando muito dependentes da avaliação positiva dos outros; assim, passam a tolerar mal a dor relativa à desaprovação das pessoas. E, progressivamente, vão se tornando obrigadas a agir de acordo com o que os outros esperam delas, para não terem de passar pela humilhação da crítica. A pouca tolerância à crítica torna as pessoas generosas muito dependentes do meio exterior e, de repente, portadoras de um novo tipo de fraqueza. Sim, porque elas não conseguem agir em benefício próprio nem mesmo quando isso está mais do que justificado e quando é essa a vontade delas. Aliás, é interessante observar que uma das críticas que mais ofendem um generoso é ser chamado de egoísta. Detalhe: ele se ofende de ser chamado assim, mesmo quando sabe que se trata de uma calúnia.

O generoso consegue ultrapassar o primeiro obstáculo para se tornar uma criatura verdadeiramente forte, à medida que é capaz de tolerar bem as dores e frustrações inevitáveis da nossa existência. Porém tropeça no obstáculo seguinte, porque se torna muito dependente da aprovação das pessoas, viciado em elogios pela sua capacidade de renunciar. Como resultado, tenderá a ser o oposto do egoísta, incapaz de agir de modo ponderado, desequilibrando a balança da justiça na direção contrária. Se o egoísta não pode deixar de receber porque é fraco e necessitado, o generoso não pode deixar de dar porque não suportaria as críticas por agir em causa própria. Então, o generoso também se torna escravo de seu modo de ser e da aprovação dos outros.

Quem depende demais desse tipo de aprovação não consegue agir com liberdade. O indivíduo livre é aquele que pode agir de acordo com suas próprias opiniões. Bem, nem sempre nossas opiniões coincidem com as das pessoas que nos cercam. Se não pudermos desapontá-las, seremos obrigados a abrir mão de nossas convicções, o que muitas vezes fará com que nos sintamos tristes e, o que é mais grave, também poderá nos levar a alterar o curso de nossa vida de modo que nos traga grande infelicidade. Por exemplo, se uma jovem generosa deseja se tornar atriz e sua família acha que se trata de uma carreira indigna e indecente – o que mesmo hoje ainda pode acontecer –, ela estará diante de um sério dilema. Se não puder magoar e decepcionar os pais, terá de renunciar aos seus projetos. Afinal, para executá-los, precisará enfrentar a dor causada pela perda do respeito e da admiração de pessoas importantes para ela.

Enfrentar esse tipo de dor é, para a maior parte das pessoas generosas, um obstáculo enorme. O egoísta talvez não perceba sua dimensão porque, em defesa de suas necessidades, não se ocupa dos sofrimentos que impõe ao outro. Desapontar pessoas queridas pode ser fundamental para conquistarmos o direito de agir de acordo com nossos desejos mais fortes E, se é direito fazê-lo, não se trata de ser egoísta, mas de exercer a própria vontade numa condição em que isso é legítimo. Acontece que, mesmo sendo legítimo, poderá estar em desacordo com a opinião dos outros. É nesse momento que o generoso terá de renunciar a uma postura extrema e se tornar uma criatura justa, ou seja, tornar-se capaz de atribuir direitos iguais a si e aos outros, abandonando a tendência de abrir mão do que lhe pertence.

O forte, aquele que tolera as frustrações – e tolerar não significa gostar delas, mas apenas não se desviar da rota com o intuito de evitá-las – e também aquele que não abre mão dos seus direitos por medo de perder a admiração e o amor das pessoas, não é egoísta nem generoso. É o justo. E o justo também é o indivíduo livre, que tem força interior para agir de forma coerente com o que pensa.

Sem subestimar as dificuldades que possamos ter para sermos fortes, precisamos nos programar para atingir esse objetivo interior. Quanto mais nos aproximarmos desse ideal, mais bem equipados estaremos para enfrentar a fascinante aventura de viver.

Qual o sentido da vida?

Não sabemos de onde viemos

Apesar de a vida ter aspectos fascinantes e extremamente interessantes, ela se alicerça em algumas peculiaridades muito difíceis de tolerar, ao menos numa primeira abordagem. Uma delas diz respeito a uma curiosidade que começamos a ter lá pelos sete anos e que, como regra, jamais nos abandona. Quando entendemos mais as peculiaridades do cotidiano, sentimos uma brutal angústia pelo fato de não saber exatamente de onde viemos nem para onde vamos. Existem dúvidas enormes a respeito da origem da vida na Terra; hipóteses religiosas e científicas tentam dar explicações adequadas que apaziguem o nosso espírito. Sim, porque, para nós, sempre é muito difícil conviver com dúvidas. Muitas vezes depressa demais e com pouco rigor lógico, nossa razão busca explicações que tentam nos serenar. Uma boa medida do nosso vigor intelectual tem a ver com a adequada capacidade de lidar com dúvidas.

Há um número apreciável de hipóteses religiosas que tentam explicar nossa origem. Todas elas pressupõem a existência de um criador, uma divindade muito mais sábia e forte que nos gerou com algum intuito nem sempre muito claro e fácil de perceber. Assim, somos filhos desse criador e temos de agir de acordo com os mandamentos que ele nos legou por meio dos seus porta-vozes, responsáveis pelos textos chamados sagrados. Na essência, tais textos tratam de preceitos morais que, quando observados e seguidos da melhor forma, nos levariam ao desenvolvimento pessoal e também para mais perto de Deus, o criador.

Do ponto de vista materialista, a vida em geral, e a do ser humano em particular, aconteceu por acaso, por meio de reações químicas e processos biológicos que se sucederam ao longo de milhões e milhões de anos. Muitos dos nossos ancestrais ainda continuam a existir, ao passo que outros se extinguiram. A existência desses ancestrais seria a confirmação de que houve uma sequência evolutiva, culminando com nossa aparição. Desse ponto de vista, não existe um criador. Assim, seríamos o produto final de uma série de coincidências. Tal hipótese, que tomou corpo junto com o aumento do ritmo dos avanços da ciência a partir do século XIX, apareceu como a mais provável para a maioria dos espíritos sofisticados. Talvez uma das razões para isso esteja no fato de ser a mais triste e a mais difícil de tolerar. (Ela derivou também, é claro, dos avanços que as ciências físicas e biológicas experimentaram principalmente nos últimos 150 anos.)

Costumamos pensar que a hipótese mais amarga é a mais provável. Acreditar na existência de um criador alivia a dor de não sabermos exatamente de onde viemos; logo, essa hipótese passa a ser vista como menos provável. A hipótese da inexistência de um criador foi muito reforçada pelo fato de os textos sagrados, escritos muitas vezes sob a forma de mitos e lendas, serem muito ricos em características humanas. Por exemplo, Deus, via de regra, é descrito de forma muito similar ao nosso pai, às vezes autoritário, às vezes tolerante e compreensivo. O caráter excessivamente humano das divindades – indiscutível – não é, a meu ver, suficiente para invalidar a hipótese de sermos filhos de um Deus. Na verdade, acredito que acabar com a ideia da existência de um criador correspondeu a uma atitude um tanto prepotente e vaidosa do homem contemporâneo, exageradamente orgulhoso de suas conquistas científicas. A partir de então, o ser humano foi levado a acreditar que conseguiria desvendar todos os mistérios do universo. O orgulho tem um lado legítimo, pois os progressos científicos que temos experimentado são mesmo extraordinários. Mas é óbvio que não há como desqualificar a importância das maravilhosas conquistas da ciência.

O fato é que não podemos responder de modo definitivo à pergunta: "De onde viemos?". Acredito – e esse ponto de vista é compartilhado por vários homens de ciência – que os processos evolutivos da Terra tenham sido influenciados por fatores externos a nós. Acho também que temos de parar por aqui, pois não temos condições de avançar, a não ser recorrendo à imaginação. Penso também que essa dúvida original é muito penosa, e isso explica por que a maioria das pessoas tende a aceitar alguma explicação, ainda que precipitada. Se pudermos ser fortes para suportar essa dor original, ganharemos uma visão extremamente interessante da vida.

Acredito que a primeira regra do jogo da vida é exatamente esta: a incerteza sobre a nossa origem. Nós somos filhos da dúvida, ou, como já escrevi há muitos anos, filhos do Mistério. Isso é triste num primeiro momento; porém, no momento seguinte, é a origem da liberdade, o que nos permite determinar a rota da nossa existência.

Não sabemos para onde vamos

A incerteza relacionada com nossa origem e com nossa condição é fator de angústia e de tristeza, mas é também, especialmente para os mais fortes, indicativo de que vivemos uma aventura, uma empreitada em que tudo pode acontecer. Isso é particularmente verdadeiro para aqueles mais fortes ainda e que são capazes de viver de forma original, autêntica, menos dependente da aprovação das outras pessoas, com mais autenticidade. Tudo poderá acontecer, tanto de ruim como de bom. Cada dia é único, especial, e nele há sempre espaço para o inesperado. Se formos adeptos de uma visão mais humilde em relação à condição do ser humano no universo, poderemos ainda supor que outras forças, externas a nós e não obrigatoriamente vinculadas ao nosso planeta, também interferem em nosso destino. Isso torna a vida ainda mais emocionante, porque uma parte do que vai nos acontecer depende de nós e outra deriva de forças que não controlamos.

Esse clima, até certo ponto otimista, especialmente para os que aprendem a se deleitar com o improviso, torna-se outra vez obscuro, devido a mais um componente relacionado com os mistérios de nossa condição: não sabemos para onde vamos. E mais: a morte pode interromper nossa aventura a qualquer instante, e essa talvez seja a nossa maior incerteza. De nada adianta tentarmos nos proteger contra essa possibilidade, pois isso nos acovardará a ponto de nos tornar incapazes de viver em paz. Além disso, por mais que evitemos todas as situações que envolvam algum tipo de perigo, nada impedirá que uma fatalidade nos alcance onde quer que estejamos. Aquele que tiver medo de andar de avião, abrindo mão de se locomover com rapidez, poderá morrer por causa da queda do avião sobre sua casa.

A morte é encarada com tristeza por vários motivos. Talvez o mais forte deles seja realmente a ruptura que ela impõe com tudo o que conhecemos e amamos. Estamos ligados a ambientes e pessoas. Além disso, tememos tudo o que é desconhecido. Assim como não sabemos exatamente qual a nossa origem, não temos certeza do que nos acontecerá depois da morte.

Além do medo de tudo o que é novo, não há razões tão fortes para o medo que temos da morte. O problema não é a morte propriamente dita. Não adianta pensar muito nela, pois somos incapazes de saber algo mais definitivo sobre o assunto. De fato, podemos perguntar de onde viemos e para onde vamos, mas não temos condições de dar as respostas adequadas. Então, já que precisamos conviver com a dúvida, por que não tentar tirar partido dela? A dúvida pode ser mesmo fonte de sofrimento, mas é, ao mesmo tempo, o pilar da nossa liberdade.

Assim, o nosso verdadeiro problema não é a morte, e sim o medo que ela nos provoca. Um estado de alma que poderá prejudicar muito nossa relação com a vida. Penso que boa parte desse medo tem origem nas dores que sentimos ao nascer. Como nossa primeira transição foi bastante sofrida, supomos que a morte – transição seguinte – será idêntica em termos de dor. Parece que não é assim. Todos os que quase morreram nos trazem boas notícias: parece que somos bem recebidos do outro lado do túnel que nos conduz para além da morte.

O que mais deve nos preocupar – e temos de tentar evitar a todo custo – é o acovardamento diante dos perigos da vida imposto pelo medo da morte. Não estou, contudo, defendendo a atitude leviana, muito comum nos jovens, de achar que os riscos de tragédia só existem para as outras pessoas. Os que pensam assim costumam agir de modo irresponsável, dirigindo automóveis ou motos em alta velocidade, bêbados ou sonolentos. Muitos acabam se machucando gravemente, ou morrendo antes da hora. Por isso, a prudência é uma grande virtude.

Na realidade, prudência e coragem formam uma dupla muito interessante. Em algumas situações temos de ousar e, em outras, recuar. Como decidir o que fazer? É por isso que somos racionais. Nossa razão vai ponderar todas as variáveis, os perigos verdadeiros, as vantagens e desvantagens da situação, o que sabemos sobre o assunto devido a experiências semelhantes vividas anteriormente, e assim por diante. Temos de impedir que o medo da morte interfira negativamente no exercício da razão, que deverá ponderar tudo da forma mais livre possível.

Afinal, qual o sentido da vida?

Essa pergunta pressupõe que a vida tenha um sentido determinado e que cabe a nós descobrir qual é ele. Desse ponto de vista, parece que o sentido da vida é algo escondido em algum lugar e que temos, de alguma forma, de chegar lá, empregando todo o nosso esforço intelectual nessa busca.

Muitas pessoas já se deprimiram bastante por causa dessa visão do problema, pois não se sentiram competentes para descobrir qual é o sentido da vida. Assim, só podiam concluir que a vida não tem sentido algum. Como se ela fosse um evento estúpido que não valesse a pena. Como essa concepção enfatiza o lado negativo e doloroso da vida, as coisas ficam piores ainda: além de não ter sentido, a vida é rica em dores e sofrimentos inúteis.

Segundo as concepções religiosas mais comuns em nosso meio, o sentido da vida está relacionado com o desenvolvimento espiritual e com a aceitação das dores da existência. Esse seria o caminho, o acesso a uma outra vida essa sim rica, gratificante e prazerosa. Não há como negar que esse tipo de visão reduz muito a beleza e o significado desta vida, limitada a uma dolorosa preparação para outra vida melhor. Entretanto essa ideia é um importante avanço à medida que nos mostra que podemos ser capazes de tolerar sofrimentos inevitáveis.

Mas é preciso ser bastante cauteloso ao tratar de assuntos relacionados com os sofrimentos da vida. Certas dores são mesmo inevitáveis e, para elas, o ideal é ser forte e estar preparado. Não devemos dar crédito, porém, a certa tendência radicalizadora que faz do sofrimento uma virtude. Na Idade Média, por exemplo, alguns padres se chicoteavam, para sentir bastante dor e, com isso, aproximar-se da salvação.

Acredito em outros caminhos. Podemos, por exemplo, extrair do pensamento religioso o seguinte princípio: um dos objetivos da vida é conseguir partir daqui um tanto melhor do que chegamos. É evidente que a palavra "melhor" está sendo usada com vários significados. Quando crianças, somos todos egoístas e só nos preocupamos com o nosso bem-estar físico. É claro que precisamos evoluir para também sermos capazes de enxergar os pontos de vista das outras pessoas: suas impressões, seus sentimentos, suas emoções. Chegamos a esta vida dependentes e incapazes de ficar sozinhos e devemos caminhar na direção oposta. Chegamos ignorantes e devemos nos empenhar em conhecer cada vez mais o mundo que nos cerca e a nós mesmos. Chegamos carregados de vários tipos de emoções sobre as quais não temos controle e devemos aprender a controlá-las por meio da razão. Nem sempre é fácil, às vezes parece até impossível, mas é preciso.

Assim, temos de aprimorar a nossa subjetividade, o relacionamento com as pessoas e com o ambiente em geral. Segundo os religiosos, esse esforço gera o avanço necessário para que se abram as portas do céu. Agora, mesmo se as coisas não ocorrerem desse modo, o fato é que o desenvolvimento pessoal determina enorme contentamento íntimo. Se pensarmos que um sentido possível para a vida está relacionado exatamente com o crescente orgulho íntimo de nos sentirmos capazes para tarefas cada vez mais complexas, então temos aqui um ponto de convergência entre o pensamento religioso e o modo oposto de refletir. O prazer que usufruimos durante a vida é suficiente para garantir o interesse no desenvolvimento pessoal, mesmo se acreditamos que a morte é o fim de tudo.

Além desse aspecto, e de um ponto de vista mais científico, não podemos mesmo achar nenhum sentido determinado e definido para a vida. O que significa isso? Que a vida não tem mesmo sentido? Que se trata de uma bobagem terrível diante da qual é sábio tratar de nos aguentar de qualquer modo? Se é assim, para que lutar? E lutar por quê? Calma. A vida não tem um sentido determinado e pronto. Isso não é nenhuma desgraça e é a pedra angular da nossa liberdade como criaturas.

Podemos dar sentido à vida?

O sentido da vida é um projeto pessoal

Em vez de questionar as características da vida e de nos insurgir contra elas, precisamos conhecê-las a fundo, mergulhar nelas sem medo, adaptar-nos no que for preciso, e tirar daí o ponto de partida para a reflexão e o posicionamento que tomaremos durante o nosso percurso. Temos uma forte tendência de usar a inteligência – em particular a capacidade de imaginar – para pensar como o mundo e a vida poderiam ser diferentes. É evidente que sempre imaginamos as coisas de uma forma melhor do que são na realidade. E o que resulta desse exercício de imaginação? Uma revolta contra a realidade, contra os fatos. Nada mais tolo. Os fatos são soberanos e definitivos.

É preciso ter enorme cautela ao usar a imaginação. Ela pode nos ajudar muito, mas também nos levar a erros de rota irreversíveis. A imaginação é uma propriedade extraordinária do cérebro; é nossa realidade virtual. Podemos até mesmo sentir as emoções correspondentes ao que imaginamos: quando nossa imaginação nos leva a uma roda-gigante sentimos medo idêntico ao que sentiríamos se estivéssemos lá de verdade; nossas fantasias eróticas nos provocam quentura, disparam o nosso coração, nos causam tremores e desejos, enfim, despertam em nós todos os fenômenos físicos correspondentes a uma excitação real, e assim por diante.

Isso não significa, porém, que poderemos fazer coincidir nossas ideias com os fatos. A realidade é soberana. Mais vale uma visão realista, ainda que cheia de problemas e dificuldades, do que um amontoado de lindas ideias. Belas ideias falsas foram responsáveis por muitas guerras e muitos milhões de mortos. Elas correspondem ao que se chama utopia.

Então, ainda que a realidade seja menos cor-de-rosa do que nossas ideias, devemos nos guiar pelos fatos. É a partir deles que temos de construir o edifício de nossa vida, tentar formular os conceitos que nos nortearão. Como disse antes, o fato de não existir um sentido determinado e previamente definido para tudo parece algo muito doloroso porque nos sugere que a vida não tem sentido algum. Uma vez eu li a seguinte frase de um filósofo contemporâneo, cujo nome não guardei: "A vida não tem sentido algum; mas não é proibido dar-lhe um". Eu era jovem e jamais me esqueci dessa frase. Fui capaz de reconhecer algo que me soou como uma verdade muito importante. É como se a ausência de sentido preestabelecido fosse intencional, como se fosse esse o desejo do criador – uso esse termo de forma livre, ainda que sem condição de saber algo a respeito do modo pelo qual se iniciou a vida na Terra. Essa é a primeira regra do real jogo da vida. Não interessa o que pensamos acerca das regras desse jogo; só nos importa compreender os fatos e aprender a nos posicionar diante deles. Afinal, não fomos consultados sobre como deveriam ser essas regras.

Aprender a conviver com as dúvidas originais pode ser realmente doloroso e sofrido, mas é extremamente criativo. Sim, porque, se soubéssemos tudo sobre nossa condição, a respeito do que teríamos curiosidade? Já imaginou como seria monótona e tediosa a vida? A dúvida original é a fonte de energia do nosso espírito de pesquisa, da nossa iniciativa para tentar entender tudo o que nos cerca, e redundou nas modificações que fomos capazes de fazer no planeta.

Vai ficando mais claro que somos mesmo os filhos da dúvida ou filhos do Mistério. E mais: que isso é bom porque nos instiga à criatividade e à busca de conhecimento. Há pelo menos duas outras vantagens derivadas de não conhecermos nossa verdadeira origem. Em primeiro lugar, não podemos deixar de nos colocar de forma humilde diante da vida, pois qualquer tipo de arrogância se torna ridícula para um animal que não sabe sequer o quanto efetivamente é senhor dos seus próprios atos ou se existe apenas para cumprir um destino que lhe foi traçado por forças superiores. Ou seja, a hipótese da existência de um criador, ainda que não possa ser provada, é muito interessante porque não nos permite nenhum tipo de prepotência, coisa que só serve para aumentar a já enorme tendência que temos para o exibicionismo e a vaidade.

A outra vantagem consiste na nossa liberdade de escolha. À medida que não existe um sentido definido para a vida, temos o direito – e o dever – de construir um projeto pessoal, que se transformará em nosso sentido da vida. A inexistência de um sentido já determinado é uma dádiva, pois nos dá condições de decidir o que vamos fazer com os nossos dias, com os nossos anos, com a nossa inteligência, com o nosso corpo. Posso decidir se vou estudar ou não, se vou me dedicar às artes, às ciências ou às letras, se vou tentar ser rico ou aceitar ser pobre, ser sociável e sedutor, ou reservado, se vou me casar e ter filhos ou se serei celibatário, e assim por diante.

É evidente que características pessoais poderão impor determinados limites aos nossos projetos, pois não podemos pretender ser um artista plástico se não tivermos habilidade manual para isso. Entretanto, existe uma boa margem de folga para a escolha individual, para a decisão ponderada e livre. Só é necessário saber conviver com as dúvidas que existem durante o período de indecisão. Para isso, é preciso ser forte, pois as dúvidas correspondem a um importante tipo de sofrimento psíquico. Quem não for capaz de suportar essa dor fará escolhas impensadas ou terá um comportamento que apenas tende a repetir o padrão mais comum em seu meio social. Em vez de ser uma criatura livre, será uma maria-vai-com-as-outras!

Como elaborar o projeto de vida?

Esse talvez seja o nosso desafio mais difícil e essencial. Temos sempre a impressão de que somos muito importantes e de que nossa vida é indispensável. Isso não é verdade. Somos insignificantes se considerarmos o universo, e nossa vida só interessa a nós mesmos. Somos significativos para algumas pessoas e poderemos nos sentir mais valorizados quando nos compararmos com nossos pares. Porém é sempre bom lembrar que, observados do alto – de um avião, por exemplo –, somos todos iguais.

Essas observações iniciais, um tanto amargas, são ganchos para irmos mais fundo no nosso assunto: quanto mais soubermos a respeito de nós e de nossa condição, mais bem elaborado será nosso projeto de vida. Quanto mais bem elaborado ele for, maior será a chance de conseguirmos executá-lo com menos sacrifício e em menor tempo. Assim, aprender sobre as coisas da vida bem como sobre a alma humana está longe de ser pura erudição ou bobagem de intelectual chato. É parte essencial do caminho para vivermos de modo mais sereno e feliz.

Para isso, é muito importante saber que temos vaidade e ambições e qual o tamanho delas. Não adianta pensar que estamos livres desses sentimentos. De jeito nenhum. Também é bom saber que, se não conseguirmos realizar nossos projetos, sofreremos um bocado e teremos inveja de quem conseguiu chegar lá. Temos de conhecer muito bem nossa competência para esforços e sacrifícios prolongados. De nada adianta sonhar com uma vida heroica, se não possuirmos essa capacidade. Precisamos construir, de fato, um projeto que seja realista, compatível com nossas verdadeiras características psicológicas. Não deve sonhar em ser médico, por exemplo, o indivíduo que não suporta sequer imaginar um ser humano sofrendo por causa de uma doença ou de um acidente.

Temos de saber que a inteligência varia de pessoa para pessoa e que ela é formada por diversos componentes. É essencial a máxima honestidade interior para sermos capazes de fazer um diagnóstico mais ou menos preciso de nossas aptidões intelectuais. Preciso saber se tenho facilidade para aprender línguas estrangeiras antes de me decidir pela carreira diplomática, por exemplo. Ter dificuldade para aprender Matemática indica apenas pouca aptidão para essa disciplina; não tem nada a ver com nossa capacidade para entender assuntos relativos às áreas da psicologia e da sociologia. O inverso também é verdadeiro: um enorme talento para a Matemática não deve ser confundido com uma inteligência brilhante que poderá atuar em qualquer setor do conhecimento humano. Cada inteligência é única, e, quanto mais pudermos conhecer a respeito da nossa, maiores serão as chances de construir um projeto de vida compatível com nossas aptidões. Ter boa destreza predispõe para atividades que necessitem agilidade com as mãos – ou com o corpo todo, como é o caso da dança e de alguns esportes. Ter bom ouvido para a música é pré-requisito para se desenvolver nessa área, e assim por diante.

Tenho me referido até aqui a atividades práticas das quais poderemos extrair vários tipos de prazer: fazer algo que nos agrada, ter a sensação de que estamos evoluindo e nos tornando cada vez melhores, receber recompensas diretas de natureza material ou mesmo elogios, que tão bem fazem à nossa vaidade.

Não devemos nos esquecer de que tudo isso consiste apenas numa parte de nosso projeto de vida, pois ele é constituído também de aspectos ligados ao nosso mundo afetivo. Temos de conhecer melhor nossa natureza sentimental para definir se somos o tipo de criatura que vai buscar uma vida amorosa intensa com um parceiro fixo, constituir família e ter filhos. Nem todos temos igual aptidão para a maternidade – ou para a paternidade. Se entendermos que somos livres para dar um destino único à nossa vida, nenhum desses comportamentos mais frequentes em nossa sociedade será, de fato, uma obrigação para nós. Por exemplo, se o indivíduo decide ser escritor, totalmente voltado para sua vida interior e sem nenhum desejo de se empenhar em ganhar mais dinheiro do que o necessário para sobreviver, talvez opte por não se casar e não ter filhos. Constituir família será uma ótima opção para outro tipo de temperamento, mais caseiro e voltado para um estilo de vida que aprecia compartilhar. Mas é claro que não há regras para isso. E cada pessoa é um universo absolutamente diferente. Tudo é possível, desde que ponderemos, de forma honesta e profunda, sobre nossas aptidões reais. Ao optarmos por determinado tipo de vida, não devemos deixar de pensar nas consequências práticas dessa escolha bem como nos seus desdobramentos sobre outros setores da nossa vida pessoal, como condição econômica e possibilidades amorosas. Na vida tudo é uma faca de dois gumes, pois toda opção implica ganhos e perdas. Como não podemos ter tudo, a escolha deverá estar relacionada essencialmente com um projeto de vida em que a quantidade de prazeres predomine sobre a quantidade de frustrações e de renúncias.

O papel do acaso na realização do projeto

Será que conseguiremos atingir nossos objetivos, se tivermos o bom senso de escolher nossas diretrizes principais de acordo com nossas aptidões intelectuais e emocionais, se ponderarmos sobre todos os desdobramentos práticos relacionados com nossa escolha, se não sonharmos com glórias rápidas e fáceis e tivermos consciência de que é longa a caminhada?

Vou responder a essa questão essencial de modo lento e por partes, pois é muito importante entender bem o tema, principalmente na juventude, quando temos a tendência de pensar que para nós tudo sempre dará certo. Também não convém responder a essa pergunta de modo negativo, sem explicações detalhadas, pois corremos o risco de os jovens desanimarem antes mesmo de começarem a caminhar.

Antes de tudo, o mais importante não é chegar ao objetivo a que nos propomos, mas gostar do caminho, aproveitar o percurso. Um pintor que sonha em deixar uma obra imortal, por exemplo, terá mesmo de gostar do seu cotidiano: passar os dias misturando as tintas, fazendo riscos em telas brancas, pintando repetidas camadas que constituirão o quadro no qual está trabalhando, buscando uma forma de expressar os seus sentimentos, as suas emoções, os seus pontos de vista, por meio da arte. E, para considerar o trabalho realmente concluído, ele precisa sentir um enorme prazer ao ver o quadro terminado e gostar do resultado. O mesmo vale para o engenheiro civil, que precisa ter grande satisfação em acompanhar o dia a dia de uma obra, seus percalços e as pequenas alegrias por ser capaz de resolver os problemas do cotidiano. O raciocínio se estende a todas as áreas da atividade humana.

Essencial também para a qualidade de vida é que o fato de termos um projeto, perseguirmos uma meta, determina uma direção para nossas atividades e também para nossos devaneios. Mais importante do que atingir o objetivo é saber para onde estamos indo, de que forma estamos indo e com quem estamos indo. É ter um norte fixo na bússola da nossa vida prática e também no mundo dos nossos sonhos e desejos. É gostoso sonhar com o futuro, com prováveis passos, conquistas, reconhecimentos. Nada como perceber que hoje estamos mais perto de atingir nossos objetivos do que estávamos há alguns anos, pois isso nos dá a medida da nossa evolução, confirma a sensação de que não estamos estagnados como criaturas e seres produtivos. Nosso projeto nos coloca em movimento para atingi-los. Não é necessário ter pressa, pois a trajetória já é muito gratificante. Perseguir um objetivo nos equilibra e nos faz vibrantes. É como me disse certa vez um paciente: "O homem é como a bicicleta; em movimento, se equilibra; se parar, cai".

Dessa forma, atingir o nosso objetivo é algo menos importante do que pode parecer à primeira vista. A chegada a um ponto muito alto na pirâmide da vida é coisa que depende de muitos fatores, e alguns deles independem da nossa vontade, do nosso talento, da nossa competência, do nosso esforço, da nossa vocação. Essa é a razão principal para não nos atermos demais apenas aos resultados dos nossos projetos. Quando um médico faz uma cirurgia para salvar uma vida, ele só poderá se responsabilizar por sua conduta individual, que compreende dar o melhor de si e realizar sua tarefa com dedicação e amor. Não poderá responder pelo resultado, que depende de outros fatores: o poder de recuperação do paciente, a interferência de outros colegas, as condições objetivas do hospital em que trabalha etc.

Na realidade, o resultado de qualquer empreitada – incluindo o fato de sermos ou não capazes de atingir nossos objetivos e realizar plenamente nossos projetos – depende de inúmeros fatores que não se relacionam com nossa competência e dedicação. Não podemos medir nosso sucesso de forma simplista e achar que ele é fruto exclusivo de nossos méritos. E o inverso também é verdadeiro, claro: um eventual insucesso não será forçosamente a medida de nossa incompetência.

Com isso não pretendo diminuir a noção de responsabilidade e a seriedade com que devemos nos aplicar para atingir sempre o sucesso. O que desejo é insistir na questão da humildade, na visão de que nós somos apenas em parte responsáveis pelo que conseguimos realizar. Existem as outras pessoas e também as circunstâncias em que vivemos: é diferente viver em Paris ou no interior do Paraguai.

Por outro lado, há também um fator imponderável, algo que desconhecemos e que chamamos de sorte ou azar. É como se em tudo existisse a mão do criador, parcialmente responsável pela realização ou não de todos os nossos objetivos. Não é o caso de apostar apenas na sorte. Não basta apenas orar, pedir, mentalizar desejos com força para que eles se materializem. É preciso muito trabalho e muita dedicação na perseguição dos nossos objetivos. É preciso também um tanto de sorte, fator mais frequente nas pessoas que têm espírito construtivo e positivo. Costumo dizer que as coisas da vida são como um quebra-cabeça de mil peças: 999 peças terão de ser colocadas por nós; a última é colocada pelo criador e corresponde ao que chamamos de sorte (quando ele a coloca, é claro). Se não colocarmos as nossas 999, de nada adiantará nenhum tipo de oração. A sorte só poderá sorrir para aquele que tiver feito sua parte.

O papel do trabalho

A importância essencial do trabalho

Uma vez que não existe um sentido preestabelecido para nossa vida, podemos concebê-la como um livro em branco no qual vamos escrever e reescrever a nossa própria história. O fato de que cada um pode ser autor da sua própria história já tem uma consequência muito importante: jamais deveríamos comparar uma vida com outra, pois cada pessoa é única. Quando não nos comparamos, não sentimos inveja de outras pessoas apenas porque o desenrolar de sua história se processou de forma diferente da nossa; a comparação é a mãe da inveja, e a comparação entre qualidades diferentes consiste em um erro lógico muito grave.

Além disso, quando não nos comparamos com os outros, somos obrigados a abandonar definitivamente a tendência terrível de julgar o modo de ser e de viver alheios. Afinal, se cada pessoa é única, como podemos continuar a usar nosso modo de ser como padrão para avaliar o modo de ser de outra pessoa? Não é nossa missão julgar nossos semelhantes; só nos cabe tentar entendê-los, coisa extremamente difícil, mas muito frutífera.

Como não sabemos direito de onde viemos nem o que nos cabe fazer aqui, ficamos muito angustiados quando pensamos sobre essas questões. Aliás, é muito pouco produtivo passar a vida fazendo perguntas a que não somos capazes de responder. É bom que nossas dúvidas e nossa curiosidade se direcionem para o mundo real que nos cerca. Talvez a principal função da nossa inteligência seja observar e conhecer a realidade que nos envolve, assim como nosso mundo interior. As questões relativas à nossa origem talvez se tornem importantes na segunda metade da vida, ou seja, a partir dos 45-50 anos de idade. Na primeira metade o que realmente interessa é aprender a se relacionar com os fatos visíveis.

Podemos dizer que faz parte da nossa essência tentar entender o que nos cerca e procurar modificar suas características para melhorar as condições da vida material. O trabalho pode ser entendido como a energia que despendemos para extrair do nosso hábitat os meios para uma vida melhor. Não se trata apenas de energia física, ao menos nas pessoas que têm inteligência e preparo para entender o que estão fazendo. Trata-se de usar todos os recursos interiores com o intuito de encontrar novas formas de explorar o planeta e suas potencialidades. Trata-se de atividade criativa, capaz de gerar ideias que se transformam em novas práticas. Quanto ao esforço humano de interferir sobre o ambiente, nossa capacidade de imaginar sempre foi um instrumento muito útil, pois as novas ideias geram novos fatos e novos fatos estimulam o surgimento de ideias ainda mais avançadas. Esse processo de permanente avanço nos permitiu sair das precárias condições da Idade da Pedra e chegar ao nível de civilização que temos.

O trabalho é extremamente fascinante, e não espanta constatar que as pessoas que desenvolvem atividades criativas sejam tão entusiasmadas por seus trabalhos. Chamo de atividade criativa todas as práticas que permitem o uso da nossa inteligência. Não se trata de um privilégio próprio da vida de artistas e cientistas, mas de um modo de nos relacionar com a atividade que desenvolvemos sempre buscando melhores resultados, formas novas de fazer o que já fazemos. Por exemplo, um professor que dá as mesmas aulas todos os anos sempre poderá apresentá-las de modo novo, buscando o melhor exemplo, a melhor palavra, o melhor método, a melhor didática para expressar o que pretende transmitir e encantar os seus alunos.

O trabalho nos preenche intelectualmente, ocupa nossa mente com assuntos objetivos e interessantes, afastando-nos das questões existenciais mais dramáticas. Em vez de ficar pensando na morte ou na possibilidade de dores e sofrimentos, para nós e para as pessoas que amamos, dedicamo-nos a atividades concretas e úteis. O trabalho nos traz conhecimento, prazer associado ao avanço intelectual e também muita paz. É como dizem no interior do Brasil: “Cabeça vazia é oficina do demônio”. Ou seja, ocupados não temos tempo para pensar nas adversidades da vida, mesmo porque esses pensamentos não nos ajudam em nada, pois as adversidades não deixam de existir. Então, pensar nas adversidades é sofrer à toa, ao passo que nos entreter com uma atividade interessante é algo muito gratificante e útil. Como diziam os antigos hindus, não devemos permitir que os pensamentos improdutivos mandem em nós, que se comportem como donos dos nossos sentimentos, das nossas atitudes, do nosso destino, da nossa vida. Os nossos pensamentos são visitas. Estão de passagem. É claro que muitos pensamentos não nos largam, nem nós largamos deles. É natural. O importante é que realmente não deixemos que eles se apossem de nós, como se fossem nossos donos.

Pensamentos à parte, é essencial reafirmar que o aprendizado determina um prazer muito intenso, talvez o único comparável ao prazer sexual – um relativo ao espírito e o outro relativo ao corpo. Quando uma pessoa consegue realizar algo a que se propôs, experimenta uma intensa satisfação interior. O processo é pessoal, pois se manifesta da mesma forma quando não existem observadores – ao contrário da vaidade, que exige a presença de outros para nos reconhecer, nos testemunhar, nos aplaudir.

Todos já experimentamos a sensação de prazer ligada a algum aprendizado: a forma pela qual praticamos nosso esporte favorito ou o modo pelo qual conseguimos tocar uma música. Muitos jovens associam o prazer apenas a atividades de lazer e não conseguem perceber que ele também pode existir nas esferas do estudo e do trabalho.

Prazer e dever não são antagônicos

Trabalho e atividade de lazer são ocupações fortes, capazes de prender nossa atenção. Na verdade, ficamos mal e tristes quando não estamos ocupados com alguma coisa que nos entretenha o suficiente para que não pensemos nas questões essenciais da nossa condição. Estamos entretidos quando assistimos a um filme de suspense e também quando tentamos resolver um problema de Matemática. Nossa mente está ocupada, por exemplo, quando nos esforçamos para consertar um aparelho elétrico bem como quando procuramos convencer uma pessoa a comprar determinada mercadoria.

Embora tenham em comum o fato de nos deixar atentos ao que estamos executando, trabalho e lazer são essencialmente diferentes. Enquanto o trabalho pressupõe a existência de um compromisso, de uma responsabilidade assumida com outras pessoas, o lazer pode ser interrompido a qualquer momento. Resumindo, o trabalho é atividade mais séria e responsável; já o lazer é algo mais leve e cujo resultado não implica danos para outras pessoas.

Essa é uma diferença, mas não a única. No trabalho somos avaliados de forma mais grave, ao passo que o fracasso em uma atividade de lazer é triste, mas não tem consequências muito importantes. Podemos dizer que no trabalho arriscamos nossa reputação de maneira muito mais séria do que numa partida de tênis, apesar de também nesse caso querermos muito ganhar. No trabalho somos efetivamente testados. É "jogo valendo a taça", enquanto o lazer é "jogo-treino". Um dos componentes dessa avaliação é o dinheiro. Se estivermos indo bem no trabalho, teremos recompensas materiais crescentes, ao passo que o fracasso irá implicar baixa remuneração – ou mesmo a perda da função. Existem atividades mais bem remuneradas do que outras. Isso não significa que sejam mais complexas ou úteis; apenas indica que além do dinheiro há outros critérios para avaliar competência.

O dinheiro é um passaporte para as coisas da vida prática. O anseio de possuí-lo é muito variável no que diz respeito ao supérfluo. Quanto ao essencial, é fundamental para a felicidade humana. O lazer quase sempre custa dinheiro, e a pessoa que está gastando esse dinheiro normalmente não está sendo avaliada. Quando alguém paga para ir ao cinema, quem está sendo avaliado são os produtores, diretores e atores do filme, aqueles que estão recebendo o dinheiro. São eles que se arriscam; se o público não gostar, talvez não os prestigiem em outra oportunidade. Um dos aspectos que levam a pessoa a fugir do trabalho e se interessar apenas pelo lazer é o medo de enfrentar o julgamento e a avaliação. O forte não tem nada contra o trabalho; o fraco, por sua vez, que tem medo do sofrimento e tolera mal as frustrações, vai se refugiar nas atividades de lazer. E mais, fará a apologia dessas atividades, considerando-as muito mais prazerosas. Mas não é verdade.

Nas atividades profissionais, em geral, estamos atrás de prestígio, destaque, respeito e reconhecimento. Evidentemente isso também poderá acontecer em certas práticas de lazer, especialmente as relacionadas com os esportes e as atividades sociais – como a dança e a música. De fato, durante os primeiros anos da vida adulta, os jovens em geral destacam-se mais nas atividades de lazer do que no trabalho. O trabalho nessa fase da vida é representado pela competência para os estudos e só começa a ser respeitado na época do vestibular, pois ser aprovado em alguma faculdade mais conceituada costuma provocar a admiração dos colegas. Porém, durante os anos da maturidade, o que interessa mesmo é se destacar em atividades produtivas, coisa que exige esforço e também coragem de arriscar, porque o fracasso é vizinho do sucesso – não chegamos a um sem correr o risco de desembocar no outro. Costumo dizer que fracassado é todo aquele que tem medo do fracasso. Evidentemente que todos nós, em algum momento, temos medo de errar, de não conseguir, de não ser bem-sucedidos. Mas nem todo medo é paralisante. Há medos que nos mantêm alertas, ligados, motivados para pensar e agir da melhor forma possível. Por outro lado, há medos que crescem a ponto de se transformarem em verdadeiras fobias. Esses medos nos impedem de agir, de correr riscos, de buscar a felicidade e aprender a lidar com os nossos próprios sentimentos.

Nossa vaidade está profundamente ligada às atividades profissionais, o que lhes dá uma seriedade ainda maior, aumentando também o peso da responsabilidade. Isso dá a impressão de que o lazer é muito mais leve e descontraído, de que nele estão todas as alegrias e satisfações. Em nossa mente começa a se formar uma noção muito forte de que o trabalho é coisa ruim e penosa, ao passo que o lazer é bom e prazeroso. É verdade também que se forma uma outra dualidade oposta, na qual o trabalho é virtude e sacrifício, enquanto o lazer é vício e futilidade. Os dois conceitos são, a meu ver, equivocados. Porém, é assim que a maior parte das pessoas acaba vendo esses dois tipos de atividades. Na verdade, trabalho pode ser prazeroso, e lazer pode ser muito chato e tedioso – ficar muitos dias em uma estação de águas talvez seja muito menos gratificante do que passar o mesmo tempo no exterior estudando a sério uma língua estrangeira; tudo depende das circunstâncias, das companhias e da nossa disposição.

Várias pessoas se sentem muito gratificadas em suas atividades profissionais – em especial aquelas que obtêm resultados acima da média –, e isso possivelmente funcionará como importante prazer relacionado com a vaidade. Nesses casos, a pessoa tenderá a exagerar a sua relação com o trabalho, fazendo dele a principal, senão a única, fonte de prazer e de atenção. Assim, está instalado um tipo de vício, pois essa pessoa passa mal quando não está trabalhando, e também quando não é procurada por aqueles a quem seus serviços interessam. Trata-se de pessoas que, na época da aposentadoria, poderão ficar muito deprimidas a ponto de adoecer gravemente. Essas pessoas são chamadas de *workaholics*, ou seja, dependentes do trabalho como os alcoólatras são dependentes da bebida. Essas pessoas só se viciam assim no trabalho porque, para elas, trata-se de coisa boa. Coisa ruim e chata não vicia.

Para sintetizar, temos a ideia de que trabalho é coisa séria e penosa e lazer é coisa leve e agradável; o trabalho envolve responsabilidades e riscos, enquanto o lazer não nos ameaça em nada. No trabalho somos avaliados pela remuneração que recebemos e pelo prestígio que conseguimos conquistar; nas atividades de lazer a vaidade envolvida é muito menor, pois não estamos sendo efetivamente avaliados. Existe ainda mais um aspecto: o trabalho exige disciplina, coisa menos relevante nas atividades de lazer.

A questão da disciplina

A palavra "disciplina" já teve conotação positiva; relacionava-se com valor e era considerada uma aquisição indispensável para o desenvolvimento emocional das pessoas. Ultimamente, passou a ser associada a autoritarismo, a disciplina militar. Pais disciplinadores passaram a ser vistos como pessoas antiquadas, como quem não ama de verdade os filhos. Damos a certas palavras conotações de ordem moral e é comum não sabermos sequer o que elas realmente significam, como nesse caso.

"Disciplina" pode ser definida como a vitória da razão sobre as emoções. Não que devamos reprimir sempre as nossas emoções em nome da razão. As emoções são inerentes a nós. O ideal é que possamos cada vez mais aprender a lidar com elas, encontrando um equilíbrio adequado entre razão e emoções. Trata-se de uma conquista difícil, diretamente relacionada com a maturidade da pessoa. Muitas são as circunstâncias em que existe um antagonismo entre emoção e razão. Na criança vence a emoção, mas, com o crescimento, a razão deveria transformar-se em poder central das decisões. É uma pena que isso só ocorra a certo número de pessoas – fortes o suficiente para suportar a frustração relacionada com a renúncia.

Vamos a um exemplo esclarecedor que já foi usado por muitos autores. Quando, numa manhã fria e escura de inverno, o despertador toca, nos informando que é hora de levantar, passamos a viver um dos conflitos mais duros entre a razão – que nos lembra de nossos deveres – e a preguiça – emoção natural em nós e que se recusa à obediência. Das pessoas que se deixam vencer pela preguiça, pouco se pode esperar em termos de sucesso nas atividades relacionadas com o trabalho. Sabemos que este se distingue do lazer pelo caráter obrigatório, pelos compromissos que temos com outras pessoas e pelo rigor com que seremos julgados se não obtivermos resultados aceitáveis.

Se o compromisso estiver relacionado com o lazer, desde que não tenhamos combinado nada com ninguém, não levantar ofenderá "apenas" a nós mesmos, que nos avaliaremos como fracos. Não aprovaremos nossa conduta se tivermos faltado a um compromisso esportivo ou se tivermos perdido a hora para uma viagem de lazer. Isso nos fará mal, mas procuraremos nos enganar, dizendo que na próxima vez isso não vai acontecer. Se tivermos nos comprometido a acordar cedo para fazer algum tipo de ginástica e a preguiça nos vencer, não será nada bom para nossa autoestima, pois nos sentiremos "para baixo". Poderemos fingir para os outros que estamos bem e que a cama estava uma delícia, mas não poderemos jamais enganar a nós mesmos; sabemos que fraquejamos e lamentaremos por isso.

Por outro lado, se o compromisso for com terceiros e envolver atividades profissionais importantes, os resultados objetivos serão catastróficos – além do prejuízo maior à autoestima. Caso um vendedor falte ao compromisso com seu cliente, talvez não seja perdoado e não tenha outra chance. O mesmo vale para o funcionário de uma empresa que sempre chega atrasado: acabará demitido, evidentemente. O médico que não comparecer aos compromissos com seus clientes será dispensado, e assim por diante. Além da ofensa à autoestima, esses profissionais sofrerão todo tipo de sanção objetiva, de modo que não terão dinheiro nem o respeito dos outros.

Inversamente, aqueles que se reconhecem capazes de ter uma razão vencedora, que domine as emoções em geral, se tornam cada vez mais fortes, à medida que acumulam sucessos nas disputas que travam com eles mesmos. E acabam por desenvolver um novo tipo de prazer, dos mais importantes para a nossa psicologia: o prazer de ser forte o suficiente para renunciar a um prazer imediato em favor de uma recompensa maior que virá em algum momento do futuro. Assim, a renúncia aos prazeres imediatos se transforma em um novo e maior tipo de prazer, o prazer da renúncia. Quem quiser dar certo no jogo da vida terá de se desenvolver até chegar a esse ponto de maturidade interior. Essas pessoas são capazes de dirigir a própria vida, pois deixam de ser escravas das emoções.

É preciso cautela, pois, à medida que a renúncia se transforma em fonte de prazer, ela pode passar a ser buscada de modo ativo e prejudicial. Orgulhar-se de ser capaz de fazer renúncias necessárias é coisa boa e ponderada. Entretanto, renúncias indevidas, buscadas apenas com o intuito de provocar a sensação de superioridade e de força extraordinária, são um excesso, algo que nos afasta do bom senso e já contém os sinais característicos dos vícios.

O papel do amor e do sexo

Amor versus *individualidade*

O tema do amor é essencial, desde os primeiros momentos da vida. O primeiro elo amoroso que vivemos é a forte ligação com nossa mãe. Éramos unidos a ela, formando uma fusão harmônica durante os meses de vida intrauterina. O nascimento corresponde a uma enorme dor, à nossa primeira e dramática ruptura. A partir daí, todas as rupturas que experimentaremos ao longo da vida ficarão associadas à dor e ao desamparo, quando não ao desespero. Sentimos enorme prazer quando nos aproximamos de nossa mãe, nos alimentamos do seu leite, nos sentimos acolhidos nos seus braços. O amor é o sentimento que temos por aquela pessoa especial e única cuja presença provoca em nós a sensação de paz e de aconchego – inicialmente a mãe e depois figuras que a substituem.

À medida que o tempo passa, a criança vai desenvolvendo a razão, aprende a falar e a andar, é capaz de fazer cada vez mais coisas por conta própria. Numa primeira fase, faz tudo isso apenas com o intuito de agradar sua mãe, pois ficaria o tempo todo no colo dela. Com o passar dos anos, vai sentindo prazer crescente em ser capaz de dar conta de si.

Ao sentir que também gosta de ser independente, passa a viver um dilema muito importante, uma vez que continua a gostar de estar perto da mãe, abraçado a ela, sendo beijado por ela. Lá pelos sete anos, os desejos de independência costumam igualar-se ao prazer de se ver ao lado da mãe. A criança quer ir para a casa dos amigos, passar o fim de semana na praia com algum parente próximo, ir a um acampamento. Porém, de repente, especialmente à noite, quando as atividades cessam, sente um enorme vazio, uma falta, uma saudade imensa da mãe, da segurança da sua casa, do seu quarto.

Então, começa a ficar bem claro para todos nós que temos de fazer escolhas em nossa vida, que não podemos ter tudo; ou seja, se quisermos viver atrelados ao nosso objeto amoroso – nesse caso a mãe, mas depois a(o) namorada(o) ou a(o) esposa (marido) – teremos de abrir mão de várias atividades incompatíveis com sua presença. Se quisermos agir de modo mais livre e independente, teremos de suportar bem a dor causada pela ausência do amado, alguém que nos completa e nos faz sentir mais seguros e fortes.

A verdade é que, desde o nascimento, nos sentimos incompletos, como se fôssemos mesmo uma metade que precisa estar sempre próxima da outra para formar a unidade desejada. Queremos nos sentir inteiros junto de uma outra pessoa – a pessoa amada, com a qual gostaríamos de estar fundidos – ao mesmo tempo em que desejamos satisfazer todas as nossas curiosidades, todos os nossos anseios. Queremos o melhor dos dois mundos: a fusão romântica e a liberdade de ação e de locomoção que nossa individualidade exige de forma cada vez mais veemente.

Assim, como fazer para conciliar essas duas tendências que são, de fato, incompatíveis? O que costuma acontecer é o empenho daqueles que se amam para tentar impor sua vontade ao parceiro. Ou seja, se eu quero ir para a praia e não suporto a ideia de ir sozinho, tentarei impor esse programa à minha namorada – e depois à minha esposa e talvez até mesmo aos meus filhos. Se minha namorada, por sua vez, quiser ir para o campo, ela tentará me convencer a satisfazer a vontade dela. O resultado poderá ser uma grande briga, em que ambos tenderão a considerar o outro como egoísta simplesmente porque não se dispõe a satisfazer seu desejo. As relações amorosas se tornam belicosas e ciumentas, uma vez que qualquer tipo de afastamento parece imediatamente associado a um enorme risco de perda do amado, que estaria sempre predisposto a se interessar por outro parceiro. O pavor da perda é enorme, pois voltaríamos a nos sentir metades perdidas e profundamente ameaçadas pelo Pânico que associamos à solidão.

A maioria das pessoas, mesmo na maturidade, vive esse tipo de relacionamento afetivo, caracterizado por uma enorme dependência emocional em relação ao parceiro. Para que isso não implique grandes concessões aos anseios de individualidade, surge o ímpeto de dominar a pessoa amada. Todo desejo de dominação pressupõe fraqueza e imaturidade. Pessoa forte não gasta seu tempo e energia em processos desse tipo. Muitos são os que, em vez de viver brigando, optam por satisfazer os desejos do seu par. São os mais generosos, aparentemente dominados pelos mais egoístas, e que se mostram, sem ser, como os mais fortes dentro do relacionamento. Esse modo de amar, em que cada pessoa se sente apenas uma metade, é um resíduo da relação afetiva inicial que tivemos com nossa mãe. Não é um modo adulto e maduro de se relacionar.

O que é o amor adulto?

Um dos importantes desafios dos tempos atuais é tentar achar uma solução mais adequada para o dilema que existe entre amor e individualidade. O fato é que a independência das pessoas só tem aumentado, principalmente em virtude dos avanços tecnológicos e da crescente emancipação feminina. No passado, normalmente, os homens davam as diretrizes e as mulheres os seguiam – como acontece na dança dos ritmos tradicionais em que o casal, "coladinho", é guiado pelo homem. Como não há mais lugar no mundo moderno para esse tipo de filosofia de vida, teremos de encontrar uma saída mais adequada e compatível com nossas novas aspirações.

Quem aprofunda os estudos sobre o amor descobre que o ser humano se sente incompleto – uma metade –, mas que isso é apenas uma sensação, e não um fato. Sentir-se incompleto não é sinônimo de ser incompleto. Temos pavor da solidão porque ela realmente nos lembra o desespero que vivenciamos quando, ainda bebês, nos sentimos desamparados e desassistidos por nossa mãe. Felizmente não somos mais criaturas dependentes e sem iniciativa. Crescemos e nos tornamos independentes, capazes de resolver sozinhos nossos dilemas e necessidades práticas. Desenvolvemos essas capacidades e não atualizamos nossas sensações, que não têm mais relação alguma com aquilo que somos; ou seja, sentimo-nos como se ainda fôssemos os recém-nascidos desesperados quando se sentem sozinhos. Crescemos e não nos demos conta disso!

A verdade é que somos inteiros, e não metades. Pode ser que nos sintamos um tanto incompletos quando sozinhos. Trata-se apenas de uma sensação, e não de um fato. Temos condições plenas de resolver nossos dilemas, por isso podemos perfeitamente viver nossa individualidade. É verdade também que continuamos a desejar intensamente uma companhia fixa, um parceiro leal, sincero e solidário. Pessoas independentes também gostam de relacionamentos íntimos e intensos, porém estabelecem elos de pouca dependência prática, porque não estão dispostas a abrir mão dos seus direitos individuais para ficar o tempo todo em fusão com outra criatura. Pessoas independentes estabelecem relacionamentos amorosos muito semelhantes à amizade, alianças fortes e muito ricas de intimidade – física e emocional – e de confidências. Esses relacionamentos acontecem apenas entre criaturas independentes e que se respeitam como iguais.

Em outras palavras, está surgindo um novo tipo de ligação amorosa muito mais rica e gratificante, justamente por não exigir tantos sacrifícios à individualidade quanto costumava acontecer no modo tradicional e infantil de amar. A contradição entre amor e individualidade se dissolve mais ou menos naturalmente. Afinal, aqueles que se amam deixam de ser "siameses". Cada um fará os programas que quiser fazer, e o casal vai se encontrar quando isso for do interesse comum. Nada de concessões, brigas e estratégias de dominação. São assim as relações de amizade, nas quais o prazer da companhia é muito intenso, a lealdade é total e a intimidade compartilhada – como regra, muito mais do que nas relações amorosas –, principalmente porque amigos não são juízes da conduta um do outro. Dessa forma, os amigos não têm vergonha de confessar um ao outro seus pequenos delitos e fraquezas, coisas omitidas nos relacionamentos amorosos por medo de que impliquem a perda da admiração e o fim do relacionamento.

Esse novo modo de amar continuará a ter papel importantíssimo na vida emocional das pessoas. Entretanto, será fonte de gratificação, e não de brigas e concessões. Não será o pano de fundo para uma luta de poder surda. O desejo de dominação sempre derivou essencialmente do desejo de conciliar o exercício da individualidade com o não afastamento do amado. O novo modo de amar será respeitoso e muito menos ciumento, pois o ciúme deixará de ser visto como aceitável e como prova de amor – o que não é verdade; ele é apenas medo de perder, por excessiva dependência amorosa e por interesses em geral.

Para que as pessoas possam se preparar para esse novo modo de amar – a meu ver o único que, a partir de então, terá estabilidade e durabilidade –, precisarão se ocupar muito mais com seu crescimento pessoal, com a construção da sua identidade. As pessoas mais dependentes, que tendem a estabelecer vínculos tradicionais, sofrerão muito, pois terão cada vez mais dificuldades para encontrar parceiros dispostos a participar de ligações possessivas. Daí em diante, a vida será boa apenas para os que conseguirem se perceber como inteiros e ver nos outros "apenas" criaturas com as quais podem estabelecer vínculos de prazer e cumplicidade. A salvação não está no outro, como pensávamos. Cada um terá de cuidar de si; o outro será só um adorável companheiro na viagem da vida.

Um dos aspectos fundamentais da forma pela qual venho pensando a questão do amor é que considero esse sentimento como algo totalmente separado do sexo, o que não quer dizer que não seja muito interessante quando ambos se manifestam ao mesmo tempo. A maioria das teorias psicológicas trata o amor como uma manifestação do instinto sexual, o que provoca muitas e graves confusões. Uma delas é acharmos que sentimos amor por uma pessoa pelo fato de ela nos despertar intenso desejo sexual.

O papel do sexo em nossa vida

O sexo é um instinto, um desejo que surge de modo espontâneo em nosso corpo. Sua plena manifestação acontece na puberdade, mas já na infância sentimos alguns sinais de sua existência. Corresponde a uma forte sensação de excitação, uma inquietação interna muito prazerosa. Sabemos que os outros desequilíbrios internos são dolorosos. Mas o desejo sexual é o único desequilíbrio interno agradável, por isso é buscado de modo ativo e, muitas vezes, intenso. A atração sexual funciona de forma diferente para os dois sexos; nos homens a visão tem uma grande importância no surgimento do desejo sexual, enquanto as mulheres se excitam mais quando se sentem desejadas pelos homens que elas consideram especiais. Essa diferença entre os sexos é muito importante e deve ser entendida como própria da nossa biologia. Caso contrário, será fonte de sentimentos de inferioridade, especialmente por parte dos homens. Eles se sentem pessoalmente ofendidos pelo fato de não ser tão atraentes quanto se sentem atraídos – o que é normal e não indica incompetência.

O sexo sempre foi um instinto submetido a intensa regulamentação, especialmente porque estava vinculado à reprodução. Dessa forma, os homens sempre exigiram total lealdade de suas esposas, mas nem sempre devolviam isso na mesma moeda.

Tinham medo de que um filho pudesse ser fruto de uma relação sexual com outro parceiro, por isso se achavam no direito de fazer esse tipo de exigência. Além disso, como o sexo é uma importante fonte de prazer, sempre foi visto de forma duvidosa pelo pensamento religioso, frequentemente comprometido com a ideia de que a virtude está mais do lado do sofrimento, da renúncia, das dores e do sacrifício.

Assim, a atividade sexual sempre foi alvo de ataques moralistas quase nunca justificados. Esse tipo de pensamento repressor tem menos sentido ainda nos dias de hoje. A intimidade entre adultos conscientes não deveria mais estar sujeita a nenhum tipo de regulamentação, pois o sexo não tem mais relação direta com a reprodução, graças ao surgimento dos recursos anticoncepcionais. Nem mesmo a homossexualidade deveria ser tema da reflexão moral, a qual só se justifica nos casos em que existe um opressor – agressor – e um oprimido – vítima.

Entretanto, quando a onda libertária se expandiu em nossa sociedade, a partir dos anos 1960, surgiu uma tendência inversa. De repente o sexo passou a ser visto como a única fonte de prazer, a única coisa importante para se fazer debaixo do sol. Não creio que seja bem assim. Estamos vivendo o lado oposto do pêndulo, coisa muito comum na história da humanidade. É evidente que o sexo é um prazer importante, é o prazer do corpo por excelência, porém temos também mente, razão, espírito, e outros importantes prazeres derivam dessa extraordinária capacidade do nosso cérebro. Temos a capacidade de nos deleitar com uma boa música, com um filme sutil, com uma conversa inteligente. O sexo não deve se transformar em obsessão, ou em vício, como alguns psicólogos americanos costumam tratar a tendência de algumas pessoas que dedicam quase todo o tempo disponível ao jogo da conquista erótica. Esses "paqueradores profissionais" se tornam tão dependentes quanto os jogadores e os viciados em drogas. Não é esse o caminho da paz e da felicidade.

Já mencionei várias vezes a existência da vaidade, um outro importante componente relacionado com nossa sexualidade. Esse prazer erótico difuso, relacionado ao exibicionismo, ao gosto que sentimos quando chamamos a atenção e despertamos o interesse ou a admiração das pessoas, talvez seja a manifestação mais intensa da nossa sexualidade. É curioso registrar também que esse tema tem sido negligenciado por quase todos os autores que se dedicam ao estudo do ser humano. Isso talvez seja um indicador de que as pessoas nem sempre aceitam esse sentimento em si mesmas.

Apesar da vergonha de admitirmos que somos vaidosos, a verdade é que quase todos nós passamos a buscar muito intensamente todo tipo de sucesso, já que isso nos traz a gratificação erótica. É evidente também que, desse modo, a sexualidade se envolve em todos os setores de nossa vida, nos impulsionando na busca de conquistas. Seria, ao menos em parte, por causa desse instinto que tenderíamos a ser tão competitivos, procurando sempre nos destacar. Bem, o desejo sexual realmente determina uma grande contradição em nossa vida interior, pois gostamos de nos sentir integrados ao grupo a que pertencemos e também gostamos de ser únicos, especiais e inconfundíveis. Esse problema cada pessoa tem de resolver, de acordo com suas convicções, valores.

É relevante o fato de a vaidade atiçar nossa tendência para as comparações. Quando procedemos assim e nos sentimos inferiorizados em relação àquele com quem nos comparamos, vivenciamos a profunda dor da humilhação. Esse sentimento determina também o surgimento de uma revolta, de um tipo de agressividade, enfim, da inveja: o desejo de destruir aquele que nos humilhou com sua superioridade. É um grave equívoco nos compararmos com os outros, pois cada um de nós tem um cérebro, uma história e vida peculiar, assim como um jeito peculiar de refletir sobre a sua própria história. Só é válida a comparação com nós mesmos. Hoje temos de nos sentir melhor do que um ano atrás, pois isso nos ajuda a perceber se estamos em evolução ou se estamos estagnados. E o fato de estarmos parados é muito grave e exige providências urgentes para tentar saber o que está nos travando.

A importância do bom relacionamento social

Inteligência não é suficiente

Todos nós conhecemos pessoas extremamente inteligentes e preparadas, mas que teimam em não dar certo. Em geral, elas conseguem, com relativa facilidade, boa colocação no mercado de trabalho. No entanto, em pouco tempo são dispensadas, sem causa aparente que justifique a demissão. Nas salas de aula, muitos jovens são sempre o alvo das gozações e da hostilidade geral. Nem sempre conseguimos detectar com facilidade as razões que levam essas pessoas a despertar tamanha antipatia. O tema é extenso, de modo que nem pretendo esgotá-lo aqui. Quero mesmo é alertar o leitor para o fato de que é muito importante, na vida prática, conseguirmos estabelecer relações adequadas com as pessoas.

É bem provável que o primeiro aspecto que nos leva a uma postura imprópria em relação às pessoas que nos cercam seja a presença, em nós, de fortes sentimentos de inferioridade. Quando nos sentimos, com ou sem razão, inferiores a outras pessoas, assumimos uma série de atitudes defensivas que vão desde o excessivo retraimento e timidez até uma postura hostil e agressiva em relação a elas. Partimos do princípio de que seremos rejeitados, de que não despertaremos interesse e simpatia em virtude de nosso pouco valor, e pronto, passamos a agir em função dessa expectativa.

Na maioria das vezes, uma hipótese que nós mesmos formulamos passa a ser tratada como se fosse uma verdade definitiva, inevitável e mais do que testada. Temos a perigosa tendência de acreditar demais nas hipóteses que levantamos; por isso, quando vamos para a prática, agimos como se já tivéssemos certeza de que elas são verdade. Se achamos que os outros não têm simpatia por nós, já olhamos feio para eles, devolvendo uma ofensa que não existiu. Então, nos tornamos efetivamente antipáticos, confirmando assim a hipótese inicial. Na realidade, nós falsificamos a experiência fazendo acontecer exatamente o que temíamos.

Em muitos casos o início de um ciclo social negativo é determinado pela efetiva superioridade intelectual. Um menino ou menina que seja mais inteligente do que a média dos jovens de sua idade tende a achar pouca graça nas conversas e brincadeiras deles. Sem perceber, rejeita os colegas e assume uma atitude de superioridade e arrogância em relação a eles. Assim, torna-se objeto de hostilidade equivalente à que exerce, e passa a ser alvo das ironias, dos deboches, das provocações da turma. A superioridade inicial determina condutas pouco generosas com os colegas, que, por sua vez, sentindo-se humilhados pelos gestos arrogantes desse jovem, tratam de depreciá-lo em seus pontos fracos – o fato de ser mais baixo do que a média ou mais gordo, ter nariz grande, orelhas de abano, e por aí vai. Como os pontos fracos ficam em evidência, os sentimentos de inferioridade, fáceis de ser ativados pela atitude negativa dos que nos cercam, podem predominar. Porém, restos da sensação de superioridade reaparecem de tempos em tempos.

É fácil compreender como essas pessoas, assim como tantos outros tipos humanos conseguem canalizar boa parte das hostilidades dos que as cercam na direção delas.

Outras vezes a agressão surge em decorrência de um processo que é o inverso: a pessoa é portadora de tantas qualidades, tem um ar tão forte, é tão autossuficiente que é capaz de provocar inveja em muitos dos colegas. Assim, mesmo não tendo feito nada de inadequado do ponto de vista do relacionamento social, é objeto de hostilidades e maledicências sutis, formas pelas quais a inveja costuma se manifestar. Nesse caso a saída fica muito complicada, pois a pessoa que é invejada pouco pode fazer para impedir a manifestação de hostilidade – a não ser que queira tentar abrir mão de suas efetivas qualidades, o que nem sempre é possível. Uma jovem considerada muito linda e inteligente será hostilizada por várias das colegas sem que tenha tido nenhum tipo de ação social inadequada. É uma pena, pois não há como evitar tal tipo de reação. O importante é que a pessoa entenda o processo e não desenvolva sentimentos de inferioridade, que, absolutamente, não teriam razão de ser.

Simpatia, antipatia, chatice

O sucesso profissional, econômico e social de uma pessoa depende muito da sua capacidade de se relacionar bem com os colegas. Acredito que os dois aspectos mais importantes para um relacionamento construtivo sejam: nossa capacidade de não atribuir valor – positivo ou negativo – a nós mesmos sem consulta aos fatos e nossa capacidade de prestar atenção aos outros e dispensar-lhes cuidados e gentilezas.

Quanto ao primeiro aspecto, já alertei para os perigos de formularmos opinião a respeito de nós mesmos antes até de saber o que pensam de nós os que nos cercam. Na verdade deveríamos ter uma attitude mais humilde, para não confiar tanto nos nossos julgamentos, especialmente nos que dizem respeito a nós mesmos.

A ideia que fazemos de nós deveria ser uma média aritmética das opiniões que as pessoas têm a nosso respeito. É perigoso sermos muito autossuficientes num tema que depende mesmo da forma como as outras pessoas nos veem. Minha opinião acerca da minha aparência física, por exemplo, vale muito menos do que a opinião dos outros.

O segundo aspecto essencial para termos sucesso nas relações interpessoais diz respeito à nossa capacidade de prestar atenção às outras pessoas e agir de forma que as cative, que as agrade, que as conquiste. Será simpático aquele indivíduo que tiver a habilidade de fazer um elogio na hora certa, provocando a vaidade do outro; aquele que souber fazer perguntas e deixar o outro falar bastante de si mesmo; aquele que abordar o outro com um sorriso no rosto, com uma boa palavra, com bons gestos, com sinais de preocupação; aquele que tiver bom humor, que fizer graça, que não se queixar demais de suas próprias dificuldades, que tentar não ser um peso, uma vítima, nem se colocar como alguém que terá de ser ajudado a toda hora.

A maior parte das pessoas simpáticas, aquelas que se esforçam em ser bem-aceitas, se empenham para agradar o outro também com o objetivo de favorecer a si mesmas. Não é raro que sejam pessoas menos sinceras e até mesmo mais egoístas, porque tratam de cativar para obter algum tipo de vantagem. Porém, isso não é regra, de modo que as criaturas mais bem formadas do ponto de vista moral também deveriam ter bastante cuidado ao abordar os seus pares. Não há nada de errado em ser atento às peculiaridades do outro, em evitar a agressividade desnecessária e os comentários negativos em relação tanto aos presentes como aos ausentes.

A pessoa se torna antipática quando age de modo oposto. Ao não tomar cuidado para não pisar no pé dos outros, ela vai fazendo inimigos ao longo do caminho. Muitas são as que confundem isso com autenticidade, achando que ser sincero é agir exatamente como pensam, mesmo que isso fira o outro. Assim, se eu achar uma pessoa gorda, deverei dizer isso a ela, mesmo sabendo que vou magoá-

-la. É preciso refletir mais. Sinceridade não pode ser confundida com agressividade.

O antipático é aquele que está sempre pronto para falar dos defeitos dos outros. Faz gestos e tem posturas de superioridade. Com facilidade, é capaz de humilhar um colega. Desatenção ou descaso no trato com as outras pessoas será sempre, do meu ponto de vista, uma inadequação e um desrespeito. Não é virtude, autossuficiência e muito menos sinceridade ou espontaneidade. É desleixo, descaso com as inseguranças e fraquezas alheias.

O chato é um antipático particular, cuja principal característica é não prestar a menor atenção no outro. À medida que não se põe no lugar do outro nem nota os sinais que ele emana, poderá continuar contando uma história que só interessa a ele mesmo quando todos à sua volta já se dispersaram e bocejam. O chato tem mais interesse em falar do que em ser ouvido. Como diria o poeta Mario Quintana, há o chato discursivo e o perguntativo. O discursivo não para de falar nem para respirar, e o perguntativo levanta incontáveis questões. Mas, na realidade, não está interessado nas suas respostas. Está interessado só em perguntar. Aliás, o chato, em geral, tem a falsa ideia de que tudo o que ele disser, tudo o que perguntar, tudo o que abordar, será efetivamente do interesse de todas as outras pessoas. É difícil determinar de onde alguém pode tirar uma ideia assim tola. É difícil também entender como uma pessoa não muda sua postura, apesar de repetidos insucessos de ordem prática. O chato tenta monopolizar para si as atenções, ofendendo a vaidade das outras pessoas que também acreditam ter coisas interessantes a dizer.

Precisamos realmente estarmos atentos aos nossos relacionamentos interpessoais. A verdade é que o entendimento entre as pessoas não se dá de forma espontânea, por isso temos que nos dedicar ao exercício da comunicação. Temos de nos tornar especialistas nessa área, se quisermos usufruir o que as relações humanas têm de bom e construtivo.

O que é empatia?

Boa parte das pessoas é totalmente incapaz de se colocar no lugar do outro. Elas pensam a vida de uma forma unilateral, consideram apenas o seu ponto de vista. São chamadas de egoístas. Só pensam em si. Quando agem de modo simpático e sedutor, na verdade estão interessadas em obter alguma coisa do outro. Sabem como agradar as pessoas, porque fazem para elas o que mais gostam de receber: elogios, merecidos ou não. Quando não conseguem atingir seus objetivos por essa via, partem para ameaças e chantagens sentimentais de todo tipo. Os outros existem apenas para lhes satisfazer os caprichos, de modo que tratarão de atingir seus objetivos a qualquer preço. Não se pode dizer que pessoas assim efetivamente se relacionam com os outros; apenas os usam com o intuito de preencher suas necessidades e carências. São simpáticas porque querem ser admiradas e queridas. São agradáveis por interesse e vaidade pessoal, e não porque têm qualquer tipo de consideração ou solidariedade para com os outros.

A maior parte dos que têm a capacidade de sair de si e tentar se colocar no lugar do outro padece de um outro tipo de equívoco no trato social. É claro que essas pessoas são um tanto mais evoluídas do que os egoístas, pois estão empenhadas em realmente entender o próximo e até mesmo em ajudá-lo, se for o caso. Entretanto, ao tentar sair de si para ver o mundo pelos olhos alheios, elas não conseguem deixar de levar para dentro do outro a sua própria forma de ser e de pensar. Isso significa que o outro estará sendo mais julgado do que entendido, porque essas pessoas avaliam o comportamento dele segundo o que fariam em situação semelhante. A partir desse tipo de operação mental, elas falam frases do tipo: "Eu, no lugar dele, agiria da mesma forma"; ou então "Eu jamais teria agido daquela maneira". No primeiro caso existe uma aprovação; no segundo, uma reprovação. Mas o juiz é aquele que deveria estar tentando entender o porquê de o outro ter agido de determinada forma.

Colocar-se no lugar do outro não consiste em levar a si mesmo e o seu modo de pensar para dentro do outro. Isso não é empatia. Na realidade, empatia é uma forma mais sofisticada de mergulhar no outro. Empatia é entrar no seu ser, na sua forma de pensar – que não deve ser comparada com a nossa, muito menos com o intuito de usá-la como base para julgamento. Teríamos de penetrar na lógica do pensamento do outro, compreender suas motivações e intenções. Empatia é pensar com a cabeça do outro e não transportar nossa cabeça para o corpo alheio. Acima de tudo, empatia é compreender, sem julgar. É, de fato, tentar olhar o mundo pelo ângulo do outro, que tem um sistema de pensar diferente do nosso, claro.

Não existem dois cérebros iguais, a não ser entre gêmeos idênticos. E mesmo assim cada um deles, como qualquer pessoa, esteve submetido a experiências de vida muito especiais e peculiares. E mais, cada cérebro registrou essas experiências de maneira própria. Logo, somos todos únicos. Nosso modo de ser e de pensar não deverá ser usado para avaliar o procedimento dos outros. De jeito nenhum. Não somos mais certos ou mais errados do que ninguém. Gostamos de imaginar que todos pensamos de modo similar, porque assim temos a impressão de que não estamos tão sozinhos no mundo. Porém, a verdade é que somos ilhas solitárias. Se pudermos compreender isso de modo firme, talvez nos tornemos mais competentes para construir as pontes necessárias para que essas ilhas se comuniquem verdadeiramente.

Se somos todos diferentes, é totalmente inútil o modo de pensar que envolve o conceito de "eu estar no lugar do outro". O que deve nos interessar é mais complexo e difícil: eu tenho de entrar no "programa" do "computador" do outro, tenho que entendê-lo para depois raciocinar com os dados do outro, com o sistema de pensamento do outro. Isso sim é empatia, base do fenômeno denominado solidariedade, uma espécie de sentimento afetivo generalizado que experimentamos por nossos semelhantes. Somos todos diferentes, mas estamos no mesmo barco, de forma que é muito mais sábio tentar entender do que julgar.

À medida que conseguimos sucesso na empreitada de realmente entrar no modo de ser de outra pessoa, passamos a ter mais informações a respeito das pessoas em geral e de nós mesmos em particular. O processo é muito rico para quem consegue dominá-lo, coisa que se obtém com treino e principalmente com a mente aberta e livre de preconceitos. No início nem sempre é fácil pensar – sem fazer julgamentos – de acordo com o modo de ser de alguém que seja muito diferente de nós. Pensar de acordo com alguém que seja parecido conosco já é um desafio, imagine pensar como uma pessoa que, em muitos aspectos, é bem diferente. Por exemplo, alguém que tenha cometido um homicídio, alguém que seja do sexo oposto ao nosso, um mendigo e tantos outros tipos com os quais temos menos intimidade.

É evidente o quanto pode ser rica essa forma de nos relacionarmos com nossos semelhantes – e que, de fato, também são bastante diferentes. Por meio dessa postura empática poderemos, de certa forma, viver um pouco da vida das outras pessoas. Aprenderemos muito e estaremos nos renovando constantemente, o que fará de nós criaturas muito mais interessantes. Nosso repertório será variável e nossos pensamentos estarão em constante reformulação. Trata-se, pois, de um importante componente para o crescimento individual. Ao mesmo tempo, é um dos aspectos essenciais para que a pessoa seja socialmente interessante, sincera, profunda e verdadeira. O egoísta realmente usa a simpatia apenas para atingir seus objetivos. A pessoa que desenvolve a empatia será igualmente agradável, só que de forma genuína e desinteressada, com gratuidade.

Aprendendo a lidar com o tempo

Aprendendo a postergar

Por natureza, o cérebro infantil opera de forma imediatista. A razão (ainda simples e só concreta), não tem capacidade de pensar sobre o futuro. Isso depende do surgimento da capacidade de abstração – o futuro, de fato, não existe; é parte do imaginário. Essa capacidade de pensar sobre o que ainda está por vir, e que poderá ocorrer ou não, só se torna uma constante na nossa forma de usar a razão lá pelos 6 ou 7 anos de idade. Até essa fase a criança, quando estiver no mês de maio, terá enorme dificuldade de pensar sobre o que gostaria de fazer nas férias de julho. Nossa capacidade de imaginar o tempo que está por vir aumenta à medida que crescemos, de modo que durante os anos da puberdade somos capazes de fazer planos a longo prazo, imaginando décadas pela frente. Entretanto, na maturidade e na velhice, nossa capacidade de pensar num futuro muito distante tende a diminuir, agora por razões lógicas, porque a quantidade de anos a serem vividos, em princípio, é menor. Além disso, as probabilidades de que surjam intercorrências negativas, como doenças ou morte inesperada, também crescem com o passar dos anos, ao passo que, para os jovens, o futuro parece reservar eventos mais positivos.

O surgimento da capacidade de pensar de modo abstrato, que nos possibilita, entre outras coisas, refletir sobre o futuro, representa um avanço fundamental na utilização do nosso cérebro. Permite-nos a construção de um projeto de vida, de planos a serem executados mais adiante. Cria condições para darmos um sentido à nossa vida, para que ela seja usada com o objetivo de realizar nossos projetos. A partir daí, deixamos de nos sentir como um barco sem rumo. Poderemos saber o que queremos e onde desejamos chegar. Assim, a vida se torna muito mais interessante, mais sedutora, mais atraente, mais rica, mais apaixonante..

Porém, como sempre, essa aquisição também é uma faca de dois gumes. Uma faca bem afiada. Afinal, muitas serão as situações, antes inexistentes, em que teremos de optar entre satisfazer um prazer imediato e renunciar a ele para atingir o que estamos buscando. A pessoa que deseja perder alguns quilos e está diante do seu prato favorito, por exemplo, terá de optar: ou realiza o prazer imediato de saborear o prato, em prejuízo do prazer de médio prazo de se perceber mais magra e elegante; ou renuncia ao prazer imediato em favor de algo mais intenso, estável e prazeroso, previsto para algum momento do futuro.

As situações desse tipo são inúmeras e ocorrem ao longo de toda a nossa existência. Estamos sempre entre um prazer imediato e outro maior a ser obtido no futuro. Dessa forma, a renúncia ao prazer imediato nunca acontece por desprezo do prazer em si; trata-se de um adiamento, com o objetivo de alcançar outro prazer de maior intensidade. Não estou defendendo a renúncia a um prazer por mero exercício de força, coisa que existe, até como vício, em algumas pessoas. Essas pessoas passam a ter prazer em renunciar aos prazeres, muitas vezes se sentindo superiores, mais virtuosas, mais resistentes, mais fortes em decorrência desse comportamento ilógico e inútil.

As pessoas que desejarem realizar o seu projeto de vida terão de se familiarizar com a renúncia ao prazer imediato em favor de outro, maior, previsto para algum momento do futuro. Terão de tolerar esse tipo de frustração para viver bem. É evidente que temos de aprender a postergar os prazeres e não – como tantos jovens costumam fazer – os sacrifícios. A quem pensam que estão enganando aqueles que ficam assistindo à televisão pela madrugada afora e vivem dizendo que "depois de amanhã, sim, é que vou começar a acordar cedo e passarei a frequentar regularmente a escola"?

Aprendendo a esperar

O número de pessoas que acaba aprendendo a renunciar a um prazer imediato em favor de outro maior previsto para algum momento do futuro é razoavelmente grande. É provável que corresponda à metade da população, que, por essa via, ingressa na condição adulta. Aqueles que não aprenderem serão eternas crianças, querendo para já o seu doce. Reagirão de forma violenta e grosseira quando forem contrariados nos seus desejos imediatos, exatamente como acontece com as crianças, cuja lógica e cujo bom senso ainda são incipientes, submissos à vontade.

Na realidade, muito mais difícil do que aprender a postergar é aprender a esperar com relativa serenidade e bom humor quando aquilo que se deseja demora a chegar. Quase todos nós temos dificuldade até mesmo de esperar alguém que ficou de nos encontrar e atrasa alguns minutos. É claro que aqui outros fatores entram em jogo, especialmente aqueles que fazem com que nos sintamos desrespeitados, rejeitados, menosprezados, ou ainda que nos faça pensar na possibilidade de algum acidente ou desgraça maior que podemos antever. Nesse último caso, quase todas as pessoas entram em pânico diante do atraso de alguém muito importante e querido. Assim, costumamos perder totalmente o controle da situação porque não conseguimos controlar nossos pensamentos negativos.

Não é nada fácil esperar por algum tipo de recompensa ou prazer, mesmo quando temos certeza de que irá acontecer. Quando estamos a alguns dias das férias, com a passagem aérea já comprada para ir a algum lugar que queremos muito conhecer, parece que o tempo custa a passar, que os minutos ficaram mais longos, que o dia tão esperado jamais vai chegar. É preciso muita serenidade para tolerar com dignidade os últimos dias de trabalho ou de estudo. Temos a impressão de que o cansaço acumulado ao longo dos meses de esforço toma conta de nós de uma só vez e de que não vamos conseguir chegar vivos ao tão sonhado dia. A espera se transforma numa grande agonia e poderá ser fonte de novos desgastes físicos e emocionais difíceis de controlar.

E existem outras condições ainda mais difíceis de tolerar. Elas dizem respeito a acontecimentos futuros, nem sempre muito próximos, sobre os quais não temos controle nem certeza de que seremos bem-sucedidos. É o caso, entre tantos exemplos, do vestibular. Um jovem terá de se esforçar ao longo de meses, renunciando a várias oportunidades de se divertir. Terá de esperar a época dos exames, vivendo tempos sacrificados, numa forte tensa. Afinal, esse é um resultado muito importante. E ele terá de vivenciar tudo isso sem nenhuma garantia quanto ao resultado de tamanho esforço. Não é à toa que se trata de uma empreitada muito desgastante na qual a serenidade para suportar todo o estresse envolvido é um dos aspectos que poderão aumentar as chances de vitória. É compreensível que tantos jovens estejam muito tensos na hora das provas e que isso seja nocivo. Essa tensão pode até mesmo contribuir para um resultado negativo injusto.

É possível que aprender a esperar, a ver o tempo passar no seu ritmo, mesmo quando coisas essenciais estão para nos acontecer, seja um dos mais importantes e difíceis desafios que tenhamos de superar ao longo da vida. Algumas pessoas tentam atenuar o desconforto da espera com uma postura otimista. Ou seja, passam a achar que o resultado será positivo, o que atenua a impaciência da espera, pois elas vivem como se já "soubessem" do bom resultado. Os pessimistas – aqueles que, não conseguindo conviver com a expectativa, tendem a se colocar como perdedores – não raramente diminuem a intensidade do esforço que fazem e, sem que percebam, acabam por determinar o resultado negativo que, no fundo, tanto temem.

A verdade é que não podemos saber com antecedência o que irá nos acontecer. Temos de dominar a difícil arte de esperar com alguma serenidade mesmo algo que nos seja essencial.

O dia como unidade de tempo

Certa vez uma pessoa me disse o seguinte: "Todo dia eu acordo com a disposição de fazer algo para avançar na direção das coisas que realmente desejo conseguir. Alguns dias são bem-sucedidos, e eu, à noite, estou feliz; em outros, nada anda bem, e eu termino a jornada triste. Em ambos os casos, no dia seguinte eu 'zero' o velocímetro e começo tudo outra vez, buscando de novo avançar para onde eu quero". Nunca mais esqueci essas palavras inspiradoras. Desde então, tenho me guiado muito por elas.

As duas unidades de tempo que respeito são o dia e o ano. Todo dia podem acontecer tanto coisas que representem progressos desejados como coisas negativas e até mesmo muito desagradáveis. O humor no fim do dia dependerá dessas pequenas conquistas, ou perdas. Afinal de contas, o objetivo se realiza por meio da coleção de pequenos avanços diários. Nem cogito a sucessão de grandes acontecimentos para que eu me sinta realizado. Um telefonema gratificante, uma palavra agradável, um bom resultado no trabalho e, pronto, já estou feliz, já considero aquele um ótimo dia. Da mesma forma, os acontecimentos negativos são, quase sempre, modestos. A tristeza que eles provocam será superada com facilidade na manhã seguinte.

Esse tipo de posicionamento diante da vida traz grandes benefícios. O mais importante deles é que, agindo desse modo, tendemos a nos fixar mais no presente do que no passado ou no futuro – que é para onde vão os pensamentos dos jovens. Na verdade, só existe o hoje, o agora. Ou, como se diz, o aqui e o agora. Além disso, as grandes conquistas fazem parte mais do domínio dos sonhos do que da realidade, ou seja, a vida não é composta de grandes acontecimentos. Como eles poderão suceder em uns poucos dias de nossa vida, não faz sentido algum viver o tempo todo esperando por eles. O que interessa mesmo é cada dia; como vivemos aqueles momentos e aquelas horas.

É claro que estamos sintonizados em nosso projeto de vida, trabalhando para que ele se realize.

Porém cada dia terá de ser uma experiência por si, algo que faça sentido e seja bom de viver. Não podemos aceitar uma sucessão de dias monótonos e dolorosos apenas porque talvez redundem em uns instantes de glória e prazer. Não adianta sonhar com o dia em que minha obra será reconhecida. É preciso que eu sinta prazer em realizá-la; é preciso que cada dia seja gratificante, único. Se eu estiver sofrendo todos os dias aguardando o dia da consagração, mesmo que isso aconteça, ainda assim terei feito um péssimo negócio.

Quando fazemos do dia a unidade de tempo, passamos a nos relacionar mais de perto com o presente, com o fato de que a vida é composta de pequenos prazeres – ou dores –, e nos tornamos mais conscientes de que a realização dos resultados que desejamos se dá em decorrência de sucessivos avanços. Tornamo-nos capazes de aproveitar as pequenas coisas que nos acontecem e, aos poucos, vamos percebendo que o resultado, a grande conquista, corresponde a apenas mais um dia de uma cadeia interminável de dias que temos de viver e aproveitar da melhor forma possível.

Continuamos a viver perseguindo nossos planos, buscando o resultado, capazes, contudo, de aproveitar cada instante da caminhada. O dia da estreia de uma peça é, para o ator, muito importante, mas ele terá de sentir prazer nos longos dias de ensaio, um prazer que vem da percepção de que está cada vez mais se apropriando do personagem, de que é capaz de entendê-lo e de pensar como ele. E depois da estreia terá de se deliciar com a repetição – que nunca é igual – daquela peça, e ficará muito gratificado com os progressos que ainda poderá fazer graças ao incessante exercício da interpretação.

Periodicamente deveríamos parar e fazer uma avaliação mais ampla da sequência dos nossos dias, com o objetivo de saber se eles estão representando um avanço e se estamos efetivamente nos dirigindo para onde nos propusemos. É preciso ter em mente que é sempre possível sair do rumo; ir e vir sem sair do lugar. A análise de uma série de dias poderá ser importante para tirar uma conclusão mais lúcida de como estamos vivendo e para onde estamos indo. Para isso é importante fazer um balanço anual.

Costumo fazer esse balanço nos últimos dias do ano. Conheço pessoas que o fazem nos dias que antecedem o aniversário. É indiferente. O importante não é ter atingido esta ou aquela meta, mas ter a certeza de que hoje estamos melhores do que um ano atrás, muito melhores do que há cinco anos, ou seja, de que não somos criaturas estáticas, que não evoluem, paralisadas, estagnadas. Temos de perceber que estamos em movimento e em movimento realmente evolutivo. Temos de estar mais lúcidos, mais realistas, mais conscientes, mais competentes, mais decentes, menos ingênuos, mais ousados.

Triste é o balanço daqueles que, ao fim de uma série de dias e de anos, constatam que estão no mesmo ponto, que não se tornaram mais capazes de controlar a si mesmos e a algumas das coisas que os cercam. Triste é aquele que tem de se reconhecer sempre como egoísta, dependente, parasita, covarde. Mais triste ainda é quando as pessoas já não têm sequer coragem para fazer reflexões sobre si mesmas. Permanecem no mesmo lugar, com a mesma cabeça, as mesmas opiniões, os mesmos pontos de vista, as mesmas metas, os mesmos dilemas, as mesmas questões, sem nenhuma possibilidade de evolução, apenas fingindo que está tudo bem. Pessoas desse tipo poderão fazer de tudo para que as outras não saibam suas verdades íntimas, poderão até mesmo enganar muitas delas com sua postura alegre, altiva e brincalhona, porém, no íntimo, sabem a verdade.

O desenvolvimento interior é essencial

Algumas considerações acerca da moral

As pessoas que conseguem deixar de ser egoístas, assim como aquelas que se livram da vaidade relacionada com o fato de se sentirem generosas e superiores, experimentam uma enorme sensação de alegria interior. Elas percebem claramente o quanto isso representa em termos de crescimento pessoal. Sentem-se fortes porque foram capazes de superar suas limitações. Não precisam fazer concessões desnecessárias para serem amadas e admiradas nem precisam se apropriar daquilo que são incapazes de gerar por si mesmas. Sentem-se orgulhosas.

Esse orgulho de si mesmo corresponde à sensação de força interior, de se sentir evoluindo para uma pessoa melhor, mais harmoniosa, justa, equilibrada. Mas não devemos ser demasiadamente exigentes com nós mesmos; temos de tomar cuidado para não achar pouco o que fomos capazes de andar. Isso costuma acontecer quando tomamos como referência caminhos que ainda gostaríamos de percorrer. É como se estivéssemos num barco navegando na direção de uma ilha. Depois de algum tempo, olhamos para a ilha e ela ainda parece estar na mesma distância de nós. Só teremos ideia do quanto já percorremos quando olharmos para a praia de onde saímos. Aí sim é que saberemos se estamos indo bem ou não.

Nossa autoestima só crescerá quando nos reconhecermos em movimento, evoluindo na direção dos valores que consideramos importante atingir. Não existe outro caminho para estarmos bem em nosso íntimo a não ser aquele em que nos sentimos justos, esforçados, avançando sem pisar indevidamente nos pés dos outros. Por outro lado, provavelmente avançaremos de forma mais rápida, se roubarmos no jogo. Isso pode nos trazer um largo progresso externo, muitas glórias e a admiração das outras pessoas, mas, no fundo, jamais nos satisfará de verdade.

Poderemos até dormir em paz mesmo sabendo que estamos prejudicando os outros. Isso depende da forma de ser de cada um. Poderemos nos reconhecer como espertos, como pessoas que agem dessa forma porque é assim que muitos ficam ricos e famosos. Poderemos despertar a admiração de várias pessoas que não sabem dos detalhes da nossa trajetória. Mas, de fato, nada vai melhorar nossa autoestima, que só se abastece da verdade, da essência, daquilo que só nós mesmos conhecemos a respeito da nossa história. Nunca conheci uma pessoa vitoriosa por vias duvidosas que, por mais admirada que fosse aos olhos dos outros, não vivesse intimamente em tormento, que não fosse extremamente desconfiada de tudo e de todos, que fosse capaz de estabelecer elos afetivos estáveis e gratificantes com amigos e que fosse realmente feliz em suas relações amorosas.

De certo modo, existe uma justiça que vai além daquela relacionada com o sucesso ou com o fracasso no mundo material, no qual o sucesso independe completamente de um comportamento moral, e que talvez um comportamento injusto e oportunista seja até mesmo o mais comumente recompensado. Mas, no que diz respeito à serenidade interior, à paz de espírito, ao desenvolvimento da autoestima e de uma visão positiva de si mesmo, ter uma atitude comprometida com os valores morais – que estabelecem direitos iguais para os seres humanos – é absolutamente indispensável. Aquele que busca a satisfação íntima, que quer ficar em paz consigo mesmo, dar-se bem com amigos e ter felicidade no amor, deve saber que ser uma pessoa íntegra e justa é indispensável.

O crescimento interior não se opõe ao exterior

Quando insisto na importância do crescimento interior, que não devemos tentar ter sucesso na vida prática a qualquer custo e por quaisquer meios, não estou, de modo algum, sugerindo que tenhamos de escolher entre o desenvolvimento interior – e o consequente crescimento da autoestima – e o desenvolvimento exterior e material. Sempre pensei que, quando existem dois desejos aparentemente antagônicos em nosso íntimo, temos de dar um jeito de conseguir realizar os dois. Entre o amor e a liberdade, por exemplo, opto por ambos! Entre riqueza interior e sucesso social e profissional, faço o mesmo tipo de raciocínio e quero ter ambos.

Precisamos refletir com cautela e muito rigor justamente porque os objetivos que estamos pretendendo atingir são grandes e por isso mesmo não devem ser muito fáceis de alcançar. Se esses dilemas fossem de solução simples, teríamos um grande número de pessoas felizes e realizadas em todos os níveis da existência. Como isso não é verdade, não devemos subestimar os obstáculos e pensar que conosco tudo será diferente, que conseguiremos tudo o que sonhamos. Muitos jovens costumam ter uma visão de que são especiais e nasceram com a estrela da sorte na testa. Lá pelos 30 anos, em geral, se darão conta de que as coisas não são assim. Então, muito afoitos e desesperados para atingir seus objetivos materiais, tenderão a subestimar a importância da moral e do desenvolvimento interior. Provavelmente fracassarão em tudo e, se tiverem sucesso profissional a qualquer preço, sem dúvida ficarão intimamente frustrados.

A realidade é que o sucesso material a qualquer custo pode existir sem preocupação moral, mas o sucesso interior é impossível para as pessoas que seguem por esse atalho. A busca do desenvolvimento interior passa pelo permanente desejo de evoluir e de se aprimorar como ser humano. Passa também pela obtenção de resultados práticos, mas dos que fazem bem à autoestima, conseguidos por meio de atitudes compatíveis com os próprios princípios, sem roubar as pessoas nem tripudiar sobre elas. Os sucessos práticos podem existir perfeitamente para os que respeitam os valores morais. E as pessoas com bom desenvolvimento interior não estão excluídas das delícias das glórias materiais.

Se cuidarmos antes de nossa evolução interior e do fortalecimento dos nossos princípios morais e depois do sucesso social, profissional e econômico, é possível que consigamos a realização interior e também a material. Se formos antes de tudo atrás do sucesso exterior, talvez seja tarde demais para nos encontrarmos com um modo de ser compatível com os princípios básicos da moral. Nesse caso, a paz de espírito e o amor podem tornar-se impossíveis para nós, porque teremos nos transformado em pessoas extremamente desconfiadas – como confiar em alguém se nós mesmos não respeitamos as regras do jogo? Assim, é claro que não poderemos deixar de nos sentir perseguidos e ameaçados o tempo todo, especialmente pelas pessoas com quem convivemos mais intimamente.

O caminho para o sucesso verdadeiro, exterior e interior, é mais longo, e os passos, mais lentos. Temos de zelar pelos nossos direitos e também pelos direitos dos outros, procurar um desenvolvimento equilibrado, harmonioso, entre nosso mundo interior e nossas conquistas exteriores. E temos de amadurecer e adquirir condições para progredir também em nossas relações com o mundo externo.

A experiência me diz que existem dois modos de vencer na prática: um é burlando as regras, o que bloqueia e impede o desenvolvimento interior; ou buscando o desenvolvimento interior, por meio do qual compreendemos cada vez mais a realidade a nossa volta, o que nos credencia para o sucesso verdadeiro, aquele que dispensa as jogadas duvidosas. Esse sim é o sucesso que devemos perseguir, pois ele nos fará cada vez mais felizes. E a nossa felicidade nos aumentará as possibilidades de termos sucesso em tudo o que fizermos. Assim, teremos justos motivos para nos orgulhar ainda mais de nós mesmos. E, se o caminho for mais lento e mais penoso, não vejo mal algum. Afinal, nada é mais útil ao equilíbrio psíquico do que perseguir os objetivos que nos propusemos alcançar.

Atenção para o medo da felicidade

As poucas pessoas que aprenderam a viver com bom senso e sabedoria, capazes de conciliar o progresso interior e exterior graças à construção de um projeto de vida baseado em uma postura moral e disciplinada, chegam muito perto do que chamamos de felicidade.

A felicidade é um estado de harmonia interior associado a uma sensação de prazer e euforia, fruto de algum sucesso recente – pois esse estado de grande prazer só pode existir por certo tempo, enquanto ainda não nos acostumamos com a nova aquisição. Mesmo quando a euforia vai embora, sobra a harmonia e o orgulho íntimo de ter sido capaz de estabelecer aquele vínculo amoroso, de ter sido competente para a realização daquele tipo de trabalho, de ter ganho dinheiro suficiente para comprar aquele bem tão desejado.

A sensação de contentamento íntimo, presente mesmo que não existam observadores, é muito forte, e o prazer que deriva daí compensa os sacrifícios e esforços que determinada conquista tenha exigido. Se o resultado positivo tiver repercussão aos olhos dos outros, ainda poderemos acrescentar à alegria interior o prazer da vaidade satisfeita. É verdade que teremos de lidar também com a inveja das outras pessoas que, eventualmente, não tenham sido competentes para obter da vida uma quantidade igual de satisfações e prazeres.

Aquele que nos olha com admiração estará, ao mesmo tempo, comparando-se conosco. Se achar que fomos mais favorecidos pelo destino do que ele, quase sempre se sentirá incomodado. Terá uma sensação de inferioridade, de estar por baixo, humilhado. Tenderá a reagir com certa agressividade contra nós. Fará alguma brincadeira de mau gosto, uma ironia desnecessária, tão típica da reação agressiva provocada pela inveja. A pessoa se sente agredida pela presença de alguma virtude em nós e reage a essa suposta agressão com uma agressividade real, apesar de sutil.

A inveja é um fato. As maldades reais cometidas em nome desse sentimento são percebidas pelos que foram mais bem-sucedidos no jogo da vida. Somos invejados por nossas competências interiores – força de vontade, capacidade para lidar com frustrações, compreensão e atitude pouco crítica em relação às pessoas – bem como por nossos sucessos materiais e sociais. Mas aqueles que conseguiram o sucesso desejado, sem abrir mão de seus princípios e valores, têm muitas alegrias íntimas e também conseguem, em muitos casos, bons resultados materiais. Eles costumam se sentir muito incomodados pela inveja que provocam. Inicialmente, porque não gostam de se sentir responsáveis pelo sofrimento dos outros – pois a inveja faz sofrer aquele que a sente. Além disso, geralmente são pessoas menos competentes para lidar com situações agressivas; são pouco capacitadas para reagir às grosserias daqueles que agem movidos pela inveja. E se sentem muito ameaçadas, como se a hostilidade invejosa tivesse poderes efetivos de perturbar a felicidade que estão sentindo.

As pessoas que venceram no jogo prático graças a atitudes moralmente duvidosas gostam de provocar a inveja dos outros. Em geral, elas gostam de desfilar com carros muito vistosos, de usar jóias exuberantes, de ter casas suntuosas. Não se sentem tão ameaçadas pela inveja que provocam porque sabem o modo pelo qual conseguiram vencer e não se consideram verdadeiramente merecedoras da admiração que despertam. Além disso, embora tenham obtido glórias materiais, padecem de grandes sofrimentos interiores, de modo que, também por esse motivo, não se consideram tão dignas da inveja que provocam.

O tema é complexo, e a verdade é que não temos meios de saber se a inveja é capaz de provocar outros malefícios além daqueles imediatos, derivados das agulhadas verbais próprias de quem está se sentindo por baixo. Mas o fato é que o medo dos malefícios da inveja entra em ressonância com um sentimento mais amplo, presente em todos nós, e que, desde 1980, venho chamando de "medo da felicidade". Quando constatamos que está tudo bem conosco, temos a tendência de, mais que depressa, fazer algum tipo de movimento ritual que nos proteja contra o risco de perda daquilo que está nos gratificando tanto. Falamos que está tudo bem e imediatamente temos necessidade de bater três vezes na madeira, fazer figa etc. Todo pensamento supersticioso deriva dessa sensação que temos de que, ao estarmos muito bem, estamos mais vulneráveis a algum tipo de tragédia.

É como se a possibilidade de conviver com uma futura grande dor crescesse na proporção da nossa felicidade. Isso não é verdade, mas é assim que sentimos. E reagimos àquilo que sentimos e não à verdade. Quando percebemos a inveja em uma pessoa, as duas sensações se associam, e imediatamente achamos que será dali que virá o tiro que destruirá nossas alegrias. Protegemo-nos contra a inveja das pessoas e contra a ira dos deuses usando rituais e tentando disfarçar nossas conquistas. Assim, as pessoas que venceram por meios éticos costumam ser muito mais discretas no que diz respeito à exibição de seus feitos. De certo modo, fazem bem em agir dessa forma, apesar de não terem motivo real para temer as represálias derivadas do sucesso. Repito mais uma vez que o medo da felicidade existe em todos nós. Não sabemos ainda como nos livrar totalmente dele, mesmo cientes de que os riscos de ocorrer uma tragédia são idênticos quando estamos mal ou muito bem.

Contudo, é preciso respeitar a existência desse medo e tentar progredir aos poucos, para suportar crescentes doses de alegria sem entrar em pânico. O pânico não é bom, pois ele desencadeia mecanismos autodestrutivos dentro de nós. Sem perceber, nós mesmos arrumamos um jeito de brigar com a namorada muito amada, de perder um jogo de tênis que estava ganho, de ser reprovado numa prova fácil, de torcer o pé numa corrida à-toa.

Precisamos aprender a conviver com isso e a administrar o medo que assola a todos nós sempre que estamos próximos de ter, ser e viver tudo o que sonhamos. Talvez esse medo exista justamente como o último obstáculo a ser transposto pelos que conseguiram ir tão longe. Agora estes terão de deparar não tanto com a inveja dos outros – que também existe, mas que provavelmente não pode lhes fazer tanto mal –, mas principalmente com suas próprias forças destrutivas, com o demônio que está dentro deles mesmos.

Viver pode ser difícil e, por vezes, sofrido, cheio de dilemas para resolver, mas também é uma aventura fascinante. Voltemos à vida, após esta pausa para pensar, com um otimismo que não subestime os obstáculos reais e uma vontade renovada de dar os passos certos em direção ao que é realmente essencial para a nossa felicidade.